TAO
O Curso do Rio

Ao longo dos últimos trinta anos, Alan Watts ficou conhecido, graças a seus inúmeros livros, como um dos filósofos mais instigantes e não-convencionais do nosso tempo. É autor de mais de uma dúzia de obras sobre filosofia comparativa e religião, e também se tornou conhecido nos Estados Unidos como professor e conferencista. Especializou-se na interpretação do pensamento oriental para ocidentais, sobretudo o Budismo conhecido como Zen. Em seu último livro, *Tao, o Curso do Rio*, Alan Watts enfoca a filosofia chinesa do Tao, dando ao tema o mesmo tratamento que dispensou ao Zen-Budismo em seu clássico, *O Caminho Zen.*

Alan Watts nasceu na Inglaterra e mudou-se para os Estados Unidos em 1938, tornando-se editor, ministro e professor universitário. Foi conferencista convidado de Cambridge, Cornell e Havaí, e durante algum tempo consultor religioso na Universidade Northwestern. Também proferiu palestras na American Psychiatric Association e para equipes médicas de hospitais americanos. Por fim, tornou-se decano da American Academy of Asian Studies em San Francisco. Alan Watts morreu em 1973.

ALAN WATTS

TAO
O Curso do Rio

Com a colaboração de
AL CHUNG-LIANG HUANG

Caligrafia adicional de
LEE CHIH-CHANG

Tradução
TEREZINHA SANTOS

EDITORA PENSAMENTO
São Paulo

Título do original:
Tao
The Watercourse Way

O primeiro número à esquerda indica a edição, ou reedição, desta obra. A primeira dezena à direita indica o ano em que esta edição, ou reedição foi publicada.

Edição	Ano
3-4-5-6-7-8-9-10-11-12	03-04-05-06-07-08-09

Direitos de tradução para o Brasil
adquiridos com exclusividade pela
EDITORA PENSAMENTO-CULTRIX LTDA.
Rua Dr. Mário Vicente, 368 – 04270-000 – São Paulo, SP
Fone: 272-1399 – Fax: 272-4770
E-mail: pensamento@cultrix.com.br
http://www.pensamento-cultrix.com.br
que se reserva a propriedade literária desta tradução.

Impresso em nossas oficinas gráficas.

Sumário

Introdução, Al Chung-liang Huang 7
Prefácio 15
Prolegômenos 19
Pronúncia de Palavras Chinesas 24
1 – A Língua Escrita Chinesa 30
2 – A Polaridade Yin-Yang 46
3 – O Tao 67
Caligrafia Chinesa 88
4 – Wu-wei 108
Caligrafia Chinesa 136
5 – Te – Virtualidade 143
Uma Vez Mais: Um Novo Começo,
por Al Chung-liang Huang 162
Bibliografia 168

Introdução

Al Chung-liang Huang

Passei minha última manhã com Alan Watts tomando chá em sua biblioteca nas montanhas, de frente para a floresta Muir; tocamos uma flauta de bambu e dedilhamos as cordas do koto, em meio aos eucaliptos. Vínhamos de uma semana de aulas conjuntas no Instituto Esalen, em Big Sur, e no barco da Sociedade de Filosofia Comparada, em Sausalito. Eu o estava ajudando na pesquisa para o seu livro, e ele acabara de ler o manuscrito do meu livro, *Embrace Tiger, Return to Mountain*. Estávamos sentados no chão da biblioteca, comparando anotações, assentindo e sorrindo. De súbito, Alan pôs-se de pé de um salto e improvisou alegremente alguns movimentos de t'ai chi, bradando, "ah-ha, t'ai chi é o Tao, wu-wei, tzu-jan, como a água, como o vento, como velejar, *surfar*, dançar com as mãos, a cabeça, a coluna, os quadris, os joelhos . . . com o pincel, a voz. . Ha ha ha ha. . . La La Lala ah ah Ah . . ." Sentou-se com elegância à sua escrivaninha, colocou uma folha de papel na máquina de escrever e pôs-se a dançar com os dedos, ainda cantando. Começou a escrever um prefácio para o meu livro, compondo uma bela introdução para a essência do t'ai chi. Talvez uma das últimas coisas que escreveu antes de uma série de palestras na Europa, as quais o afastaram da sua mesa e da sua nova maneira de escrever, espontânea e alegre.

Alan ia deixar que seu livro sobre Taoísmo se escrevesse por si só. Enquanto estudioso do assunto, sabia que estava produzindo outro de seus famosos temas-e-variações sobre a união Oriente e Ocidente. Mas enquanto homem do Tao, ele também sabia que precisava deixar de controlá-lo intelectualmente. Pois, como o próprio tema afirma: "O Tao que pode ser taoizado não é Tao."

Depois de tantos anos escrevendo tão bem o inexprimível, Alan Watts afinal cedia o lugar para que sua escrita acontecesse. Recorreu a mim em busca de reflexões. Desejava sintonizar-se de corpo e alma, integralmente, com o movimento do Tao, no t'ai chi. Alan estava usufruindo da sua energia recém-descoberta. Escreveu os cinco primeiros capítulos com uma profunda sensação de descoberta, lucidez e *insight* criativo. Todos os que compartilhamos a progressão deste livro estávamos certos de que seria o melhor de Alan, sem dúvida o mais sensível e proveitoso. Mal podíamos esperar que ele o concluísse.

Desde o começo eu me sentira honrado e contente por ser-lhe útil. Alan interessava-se sobretudo pela forma como eu lia os textos chineses originais. Ambos ficávamos envolvidos na decifração das passagens difíceis, inebriados com a ambigüidade e as variadas possibilidades de interpretação. Analisamos todas as traduções existentes, debatemos, digerimos e descartamos todas elas; por fim recomeçamos, tentando uma nova tradução imediata que nos satisfizesse.

Alan me deixava à vontade, apesar de eu não ter muita fluência na língua inglesa. Muitas vezes afirmava que meu chinês-inglês irregular tornava mais explícita a filosofia chinesa, e que eu não devia me esforçar tanto por melhorá-lo. Nós dois nos complementávamos como uma dupla de professores. Formávamos a combinação ideal para ajudar as pessoas a colocar em prática o que acham que sabem – retirando as experiências da cabeça e colocando-as no corpo, para em seguida trazê-las de volta em sua entidade corpo-mente. Por fim, Alan me pediu para fazer todas as ilustrações do livro com a caligrafia a pincel. Concordamos que as pinceladas livres do cursivo (o estilo haste de erva) revelariam mais vivamente o curso de água do Tao.

Ao terminar o capítulo "Te – Virtualidade", Alan falou-me, com um brilho especial no olhar: "Agora satisfiz a mim e aos meus leitores em termos de conhecimento e intelecto. O resto deste livro será de surpresas e alegria!" Alan esperava mostrar o Tao a seus leitores da maneira como o experienciava e praticava no dia-a-dia. Inúmeros e novos horizontes tinham se aberto na vida de Alan. Parecia de novo uma criança, disposto e capaz de estabelecer novos rumos e seguir a inevitável mudança de energias.

Durante nosso último seminário juntos em Esalen, ao final de uma sessão vespertina em que todos estavam de excelente humor, rindo, dançando e rolando pelas colinas gramadas, Alan e eu caminhamos de volta ao alojamento, esfuziantes, abraçados e afagando as costas um do outro. Alan voltou-se para mim e pôs-se a falar, pronto a me impressionar com sua habitual eloqüência sobre nossa bem-sucedida semana juntos. Percebi uma repentina ruptura em sua expressão; todo ele irradiava contentamento e ardor. Alan descobrira uma forma diferente de expressar seus sentimentos: "Yah . . . ha . . . Ho . . . Ha! Ho . . . La Cha Om Ha . . . Deg deg te te . . . Ta De De Ta Te Ta . . . Ha Te Te Ha Hom . . . Te Te Te . . ." pusemo-nos a tagarelar e dançar, subindo a colina. Todos compreenderam o que estávamos dizendo. Alan também sabia que nunca antes – em todos os seus livros – se expressara melhor do que naquele momento.

Na comemoração em memória a Alan Watts, no Palace of Fine Arts de San Francisco, alguém na platéia gritou, dirigindo-se a Jano Watts: "Como era viver com Alan?" A resposta de Jano: "Nunca era monótono. Ele era um homem cheio de alegria e de surpresas. E a maior surpresa de todas aconteceu no dia 16 de novembro do ano passado." Durante essa última noite de sua vida, Alan Watts brincou com balões. Ele descreveu a sensação, sem peso e flutuante, como a de "meu espírito deixando o corpo". À noite, partiu para uma nova jornada do espírito, cavalgando o vento, rindo alegre.

Ele nos deixou, aos vivos, uma terrível saudade de sua esfuziante vontade de viver. Também deixou páginas vazias, mais dois capítulos propostos de "alegria e surpresas" do livro que iniciara sobre o Tao. Muitos daqueles com quem discutiu este trabalho, ou que com ele estiveram nos seminários de verão sobre Taoísmo, durante o qual foi elaborado o *Curso do rio*. sabiam que nos dois últimos capítulos dos sete previstos, Alan esperava deixar à mostra como a milenar sabedoria chinesa constituía medicamento para as enfermidades do Ocidente. Entretanto, paradoxalmente, ela não deve ser tomada como remédio, uma "pílula" engolida intelectualmente, mas devemos permitir que ela impregne nosso ser total, transformando assim nossas vidas individualmente e, através destas, a nossa sociedade.

Elsa Gidlow, amiga e vizinha de muitos anos de Alan, discutia com freqüência este tema comigo. Ela confirmou nossas conversas com o seguinte texto:

> Alan acreditava que o homem moderno e tecnológico, na tentativa de obter controle absoluto sobre a natureza (o que fazia com que se sentisse dividido) e sobre

todos os mecanismos da sociedade humana, acabou caindo em uma armadilha, tornando-se ele mesmo escravizado. Todo controle exige mais controle, até que aquele que controla também se vê emaranhado. Alan gostava de citar o conselho de Lao-Tzu aos imperadores: "Governe um grande país como cozinharia um peixinho: levemente." Mas é preciso que se compreenda que Alan jamais considerou o "caminho da água" nas questões humanas como um modo de vida fraco, irresponsável, apático. O riacho não se limita apenas a correr colina abaixo. A água, assim como toda umidade, transpira da terra, dos riachos, dos rios, do oceano, para o ar superior, uma "expiração", e em seguida ocorre a "inspiração", quando a umidade retorna como orvalho, chuva – um ciclo maravilhoso, uma interação viva: nada controla nada, nenhum "patrão"; contudo, tudo acontece como deve acontecer, *tse jen*.

Como Alan teria comunicado em seus últimos capítulos seus *insights* quanto à necessidade de o Ocidente perceber e experimentar o Caminho do Tao, podemos apenas imaginar. Sabemos que o Tao modificou-o na medida em que permitiu que permeasse o seu ser, de tal forma que o inglês jovem, reservado, até mesmo tenso e demasiado cerebral, na idade madura transformou-se num filósofo do mundo, expansivo, espontâneo, brincalhão e alegre. Ele acreditava que a assimilação generalizada da profunda sabedoria do Taoísmo poderia transformar o Ocidente da mesma maneira. Este livro seria a sua contribuição para o processo.

Assim, quando todos os dedos me apontaram como responsável pela conclusão deste livro, percebi que não deveria tentar imitar Alan ou penetrar-lhe o pensamento, mas buscar mostrar, a partir do conhecimento que tive dele, aonde ele chegara. Minhas idéias iniciais foram sentimentais e de tributo. Pus-me a reviver as lembranças de Alan Watts. Queria compartilhar com os leitores o homem Alan total, não apenas seu intelecto e suas palavras. Escrevi sobre nosso primeiro encontro dançando na praia em Santa Barbara, nossa primeira refeição oriental juntos, quando Alan falou mais japonês do que eu. Escrevi a respeito dos acontecimentos e momentos emocionantes em nossos inúmeros seminários em conjunto, os quais demonstraram claramente o Tao natural de Alan como homem-professor.

Recordei certa noite de Ano-Novo, quando inspiramos um tocador de tambor cego a tocar o ritmo do nosso diálogo caligráfico e cursivo. Como todos captaram com facilidade as pinceladas e borrifos de nossos pincéis e puseram-se a dançar espontaneamente, movimentando seus pincéis. E outra vez, em que Alan e eu orientamos uma moça cega, fazendo-a perceber nossa mente-corpo através de toques e movimentos com ela, de forma que gradualmente ela pôde sentir e ver por meio de sua visão interior. Recordei rituais e jogos que compartilhamos: cerimônias de casamento que, de formalidades rígidas foram transformadas em rituais de verdadeiro espírito de amor e união; *chanoyu* ou cerimônias do chá improvisadas com aparelho não autêntico, mesmo assim realizadas e observadas em sua essência reverente.

Alan Watts foi um artista e um filósofo. E sabia que o era. Sua principal preocupação era a diversão para si e sua platéia. Facilmente transformava a habitual seriedade acadêmica e o saber consciencioso em níveis novos e mais elevados de alegria e crescimento natural.

Contudo, todas essas reminiscências são apenas idéias do passado. O que está acontecendo a Alan agora? Quais suas "alegrias e surpresas" atuais e presentes?

Na passagem do ano 1973-74, durante a Jornada do Bardo de Quarenta e Nove Dias de Alan (Conceito Tibetano e Chinês dos estágios intermediários entre a morte e o renascimento) e poucos dias antes de seu aniversário aos 58 anos, tive um sonho incomum sobre tempo-espaço e pessoas justapostos. Achei que o sonho se passava na China, durante uma sessão de cantos com os monges no Bardo de meu pai. Então o lugar transformou-se na biblioteca circular de Alan, onde ele mesmo conduzia a cerimônia, falando em chinês com a voz de meu pai. Eu tocava flauta, mas o som era de um gongo, misturado às batidas de blocos de madeira. Então Alan transformou-se em meu pai, falando uma língua desconhecida, mas perfeitamente inteligível. A voz retumbante e ressonante gradualmente transformou-se no som da flauta de bambu que eu estava tocando, lendo seus lábios. Minha visão mergulhou no vácuo negro em movimento entre os lábios, adentrando uma câmara de som, um turbilhão de cores e luzes, mergulhando cada vez mais profundamente na quietude do som contínuo da flauta. Acordei sem saber quem era eu, em que época e onde estava. Em seguida, eu voava pelo céu (seria de avião?) e chegava à biblioteca de Alan ao meio-dia do Ano-Novo.

Pela primeira vez desde seu falecimento em novembro, senti-me verdadeiramente próximo dele. Sentado no banco diante da janela envidraçada por trás da qual as cinzas de Alan descansavam no altar, deixei que o som de minha flauta de bambu ecoasse pelo vale e as colinas.

Fazia um belo dia. Mais tarde, coloquei os sapatos de alpinista de Jano, lancei uma manta ao pescoço, peguei o bastão tibetano de caminhadas de Alan e percorri o caminho estreito que leva às profundezas da floresta. O som da flauta de bambu transmitia tudo que me ia no íntimo até Alan, e tudo que é o corpo-espírito eterno. Ao voltar pelo mesmo caminho, pouco antes de chegar ao topo, uma flor semelhante a uma orquídea floresceu em toda sua plenitude ante meus pés. Perguntei à orquídea: "O que é o Tao cotidiano?" A orquídea, Lan – segunda sílaba do nome de Alan em chinês – respondeu: "Na verdade, não é nada de especial."

蘭

Não ouvimos a natureza vangloriar-se por ser natureza, nem a água pronunciar uma conferência sobre a técnica do fluir. Tanta retórica desperdiçada sobre aqueles que não necessitam dela. O homem do Tao vive no Tao, como um peixe na água. Se tentássemos ensinar ao peixe que a água é fisicamente composta de duas partes de hidrogênio e uma de oxigênio, o peixe cairia na gargalhada.

Nos últimos meses, depois de lutar para preencher as páginas vazias deste livro e terminar atirando todas as minhas tentativas no lixo, de súbito recordei certa manhã em que estávamos em um seminário em Chicago. Alan estava anormalmente cansado e um tanto sonolento quando foi-lhe feita uma pergunta super-intelectual-maior-do-que-a-vida. Passaram-se vários segundos. Neste meio-tempo, alguns de nós que havíamos estado com Alan na noite anterior e no começo daquele mesmo dia tivemos certeza de que ele simplesmente decidira tirar um cochilo rápido, enquanto todos esperavam, acabando por percebê-lo em profunda meditação. Quando finalmente voltou a si e compreendeu ter esquecido por completo a pergunta, Alan conseguiu, com grande astúcia e eloqüência, produzir uma resposta ainda-mais-super-intelectual-e-maior-do-que-a-vida, a qual deixou-nos a todos deslumbrados.

Ainda ouço Alan rindo neste exato momento. Todas as vezes que me percebo enredado em meus pensamentos, volto-me para ele. E em todos os nossos diálogos espirituais, as respostas de Alan têm sido simples e consistentes, "Ha Ha Ha Ha Ha Ho Ho Ho Ho Ho Hahahahahahahahaaah ha . . ." Então vamos rir juntos, com todo entusiasmo, todos os seres humanos do Tao, pois, nas palavras de Lao-Tzu, "Se não houvesse o riso, o Tao não seria o que é."

Prefácio

Certos filósofos chineses que escreveram, provavelmente, nos séculos –5 e –4, explicaram idéias e uma forma de vida que se tornaram conhecidas como Taoísmo – o modo de cooperação do homem com o 道家 curso ou tendência do mundo natural, cujos princípios descobrimos no fluxo da água, do gás e do fogo, os quais subseqüentemente são representados ou esculpidos nos modelos de pedra e madeira e, posteriormente, em inúmeras formas de arte humana. O que eles tinham a dizer é de total importância em nosso tempo, quando, no século +20, estamos percebendo que nossos esforços para dominar a natureza através da força técnica e "arrumá-la" podem trazer os resultados mais desastrosos.[1]

Duvido muito que possamos fornecer um relato acurado e objetivo do que ia na mente daqueles filó-

1. Observe-se que estou seguindo a simplificação de Joseph Needham para datas, substituindo pelos símbolos – e + os símbolos a.C. e a.D., deselegantes e incongruentes, além de não serem de compreensão internacional, pois o primeiro significa "antes de Cristo" e o segundo o "Anno Domini" do latim, "No Ano de Nosso Senhor". Curiosamente, nem a.C. nem a.D. constam do Índice de Abreviações e Sinais do *Dicionário Oxford University* (1955).

sofos, já muito recuados no tempo, e a história desaparece gradualmente, como as reverberações de sons e traços na água. É difícil estabelecer o significado exato da língua chinesa daquela época, e embora eu aprecie e busque seguir os métodos do conhecimento exato, meu verdadeiro interesse reside no significado, para mim e para nossa situação histórica, destes longínquos ecos da filosofia. Em outras palavras, o esforço para descobrir o que de fato ocorreu em épocas remotas e conhecer os detalhes da filologia tem seu valor. Mas e depois? Depois de fazer tudo para registrar o passado, precisamos prosseguir e utilizá-lo em nosso atual contexto, e este é o meu principal interesse ao escrever este livro. Quero interpretar e elucidar os princípios de escritos como os dos livros de Lao-Tzu, 老子
莊子列子 Chuang-Tzu e Lieh-Tzu, segundo os termos e idéias do nosso tempo, conferindo aos textos originais a tradução mais acurada possível – isto é, sem paráfrases ou elaboração poética indevidas, e seguindo os princípios do mestre em tradução, Arthur Waley, não obstante algumas pequenas restrições.

É evidente meu profundo reconhecimento ao trabalho e aos métodos de Joseph Needham e de seus colaboradores da Universidade de Cambridge, na produção dos inúmeros volumes de *Ciência e Civilização na China* e, conquanto não considere esta obra como se fora a voz de Deus, ela é, para mim, o empreendimento histórico mais maravilhoso deste século. Needham tem a habilidade de tornar conhecimentos integralmente documentados em leitura tão agradável quanto um romance e, tanto através da leitura de seu trabalho como através de conversas pessoais, minha compreensão do Tao foi grandemente favorecida. Ele concorda que escrever história e filosofia, à semelhança da pesquisa na ciência, é uma tarefa social, de forma que seu trabalho de certa maneira constitui mais um coro regido do que um solo. Considero uma lástima, sobretudo na América, os sinólogos tenderem à rabugice e à crítica exagerada dos trabalhos uns dos outros. Needham, por outro lado, é invariavelmente generoso, sem renunciar à própria integridade; neste livro, tentarei mostrar como o princípio do Tao harmoniza sociabilidade e individualidade, ordem e espontaneidade, unidade e diversidade.

Em suma, não tentarei conduzir uma investigação popular e estatisticamente acurada de como o povo chinês considerava, ou considera ainda hoje, o modo de vida taoísta. Estas pesquisas meticulosas da antropologia cultural têm suas virtudes, mas estou bem mais interessado em como estes antigos escritos soam na harpa do meu cérebro, naturalmente afinado segundo as escalas da cultura ocidental. Embora de forma alguma eu menospreze a informação descritiva e acurada – a Letra, obviamente interessa-me mais o Espírito – a real experiência e sensação daquela atitude para com a vida que é a adesão ao Tao.

A.W.

Prolegômenos

Bibliografia

A fim de evitar cansativas notas de rodapé, as referências bibliográficas às fontes ocidentais são indicadas simplesmente como, por exemplo, "H. A. Giles (1)" ou "Legge (2)", de forma que, por meio do nome e do número, pode ser encontrada na bibliografia a identificação detalhada das obras consultadas. Em separado, existe uma bibliografia para as fontes chinesas originais, e as referências a estas estão grifadas, como *Chuang-Tzu* 12. Os ideogramas chineses para palavras e expressões curtas são reproduzidas na margem, junto com suas formas romanizadas. Nas páginas 88-105 e 136-141, são fornecidas inúmeras citações de fontes chinesas, na caligrafia chinesa. A importância de incluir ideogramas chineses é explicada no primeiro capítulo de maneira que, espero, até mesmo o leigo a considerará proveitosa.

Tradução

Devo admitir que não sou estudioso nem intérprete da língua chinesa no nível de um Giles, de um

Waley, de um Demiéville, de um Hurwitz, de um Bodde, de um Watson ou de um Needham – sem falar nos mestres chineses do inglês tais como Hu Shih e Lin Yutang. Mas ouso acreditar-me capaz de compreender os princípios básicos do Taoísmo de maneira mais global do que alguns estudiosos, cujo interesse é apenas filológico. Assim, quando a tradução é de outra pessoa, está identificada como, por exemplo, "Tr. Lin Yutang (1)". Quando faço a comparação entre diversas traduções de determinada passagem e decido como deve aparecer, ela é identificada como, por exemplo, "Tr. Watson (1) mod. auct.". Quando a tradução é a minha, ela é identificada simplesmente como "tr. auct.". Devo confessar uma predileção sentimental por latinismos tais como este, junto com outros como ibid, (sic), q.v., et seq. e e.g., os quais abreviam convenientemente seus equivalentes mais extensos: "na mesma obra", ou "isto, acredite ou não, é exatamente o que está dito", ou "consultar a fonte mencionada", ou "e seguintes", ou "por exemplo". Ademais, essas abreviaturas podem ser identificadas em qualquer dicionário.

Romanização

Não existe uma forma inteiramente satisfatória de romanização, seja em chinês ou em japonês. A palavra 道 Tao será pronunciada aproximadamente como "dow" em Pequim, ou "toe", em Cantão, e como "daw" em Tóquio. Entretanto, se eu fosse substituir um destes três por Tao (o qual, doravante será adotado na língua inglesa e não será grifado), estaria simplesmente agindo de maneira caprichosa e confusa no contexto da literatura inglesa, americana e grande parte da européia sobre a China. Existe também uma palavra romanizada como T'ao (pronunciada em Pequim como "tow" em *towell*), a qual, de acordo com o tom usado ao pronunciar a vogal e o contexto em que é usada, pode significar desejar, imprudência, insolência, duvidar, esvaziar, transbordar, estojo ou aljava, faixa ou cordão, gula, pêssego, libertinagem, casamento, escapar, um tipo especial de tambor, chorar, correr, atar ou trançar, forno para cerâmica, estar satisfeito, implorar, punir ou exterminar, bloco de madeira, cabeça-dura, grandes ondas e empacotar. Antes de considerar isto irracional, considere o número de significados para o som "jack" em inglês – sem alteração de tom para diferenciar. E para quase todos os vários significados do som T'ao, existem ideogramas distintos.

Em todo o mundo de língua inglesa, a forma mais usual de romanização chinesa é conhecida como sistema Wade-Giles, o qual é explicado em quadro ao final deste capítulo (p. 24) porque, apesar de seus defeitos, vou usá-lo. Nenhum leigo na língua inglesa poderia adivinhar como pronunciá-lo, e pensei inclusive, tomado de um estado de espírito zombeteiro, que os professores Wade e Giles inventaram esse sistema a fim de erguer uma barreira entre o povo profano e analfabeto e os verdadeiros estudiosos. Como alternativas, existem coisas difíceis como o sistema inventado pelo reverendo professor James Legge – por exemplo, Kwang3ze para Chuang-tzu – o qual exige uma estranha fonte de tipos e, caso se recorra a estas letras tão bizarras, pode-se perfeitamente usar o próprio chinês. Pensei seriamente em utilizar a revisão de Needham do sistema Wade-Giles, o qual por exemplo substituiria Thao por T'ao e Chhang por Ch'ang, mas não pude deixar de sentir que o apóstrofo é menos antipático, esteticamente, do que o h duplo que, além do mais, não sugere realmente a diferença: qual seja, a de que Chang pronuncia-se "jang", e Ch'ang pronuncia-se "chang", com um som de "a" próximo ao "u" do inglês "jug". Departamento de profunda confusão! Na Chinatown de San Francisco, eles pronunciam o *Feng* de Wade-Giles como *Fung* (o mesmo "u" de "jug") e *Wang* como *Wong*, de forma a não ser lido como "whang". Por outro lado, um restaurante de nome Wooey Looey Gooey é chamado (para rimar com "boy") "Woy Loy Goy".

O problema da romanização dos ideogramas chegou a um nível ainda maior de comédia quando, pouco antes da II Guerra Mundial, o governo japonês tentou autorizar um novo *romaji*, no qual *Fuji* transformou-se em *Huzi*, e o príncipe Chichibu tornou-se príncipe Titibu, segundo o princípio de que a romanização do japonês não devia destinar-se apenas ao povo de língua inglesa. Assim, os alemães sem dúvida teriam se referido a esse nobre vulcão como "Ootzee", enquanto os ingleses e americanos dariam risotas com o príncipe Titty-boo. Felizmente, os japoneses deixaram esta reforma de lado, embora muitos americanos continuem chamando as cidades de Kioto e Hakone, respectivamente "Kigh-oat-oh" e "Hack-own". Percebe-se assim as complicações que surgem quando se tenta romanizar até mesmo línguas dotadas de alfabeto, como o tibetano ou o sânscrito, as quais parecem, de acordo com o nosso ponto de vista, línguas planejadas especificamente para serem difíceis. O conhecimento estabelecido elaborou a língua de tal forma que para falar do Senhor Krishna devo utilizar um tipógrafo que possa escrever Krsna, e a quem isto significa algo, afora aqueles que já conhecem?[1]

Assim como em determinadas economias os ricos tornam-se cada vez mais ricos e os pobres cada vez

1. Poderia usar igualmente o alfabeto um tanto grotesco dos Símbolos Fonéticos Internacionais, como os usados para representar palavras chinesas em Forrest (1), mas neste caso o leitor comum não compreenderia. O problema é realmente insolúvel. Lembro-me que, quando garoto, decidi escrever tudo o que sabia de forma compreensível para pessoas que viveriam dali a milhares de anos. Mas percebi que primeiro teria de projetar um quadro para a pronúncia das letras do alfabeto, e para isso precisaria usar o mesmo alfabeto!

mais pobres, também nas disciplinas excessivamente especializadas do conhecimento moderno, os sábios tornam-se mais sábios e os incultos, mais incultos – até que as duas classes mal consigam comunicar-se. Dediquei meu trabalho a uma tentativa de estabelecer uma ponte sobre esta lacuna; assim agora será revelado ao não-iniciado o sistema Wade-Giles de romanização do dialeto mandarim do chinês. 官話

Pronúncia de Palavras Chinesas

Consoantes	Aspiradas: Leia-se p', t', k', ch' e ts' como em *p*in, *t*ip, *k*ilt, *ch*in e bi*ts*.
	Não aspiradas: Leia-se p, t, k, ch e ts (ou tz) como em *b*in, *d*ip, *g*ilt, *g*in e bi*ds*.
	hs ou sh, como em *sh*oe.
	j é quase como um r "desdobrado", de forma que *jen* assemelha-se ao *wren* inglês.
Vogais	Em geral, os valores do italiano, *a* como em f*a*ther *e* como em *e*ight *eh* como em bro*the*r *i* como em mach*i*ne e p*i*n *ih* como em s*hi*rt *o* como em s*o*ap *u* como em g*oo*se *ü* como em *ü*ber, do alemão
Ditongos	*ai* como em l*i*ght *ao* como em l*ou*d *ei* como em w*ei*ght *ia* como em Will*ia*m *ieh* como em Kor*ea* *ou* como em gr*ou*p *ua* como em sw*a*n *ueh* como em d*oe*r *ui* como em s*way* *uo* como em *whoah*!
Combinações	*an* e *ang* como em b*un* e b*ung* *en* e *eng* como em wood*en* e am*ong* *in* e *ing* como em s*in* e s*ing* *un* e *ung* com o *u* como em l*oo*k.

Notas Históricas

Até bem recentemente, acreditava-se que Lao-tzu (também conhecido como Lao Tan ou Li Erh) vivera 孔夫子 na época de Confúcio (K'ung Fu-tzu), ou seja, no século –6 e –5, supostas datas de vida de Confúcio –552 a –479. O nome Lao-tzu significa Velho Garoto, originário da lenda de que havia nascido com cabelos brancos. Esta data baseia-se em controvertida passagem do historiador Ssu-ma Ch'ien (–145 a –79), o qual relata que Lao-tzu era curador da biblioteca real na capital de Lo-yang, onde Confúcio visitou-o em –517.

> Li [Lao-tzu] disse a K'ung [Confúcio]: Os homens de quem fala estão mortos, e seus ossos reduzidos a pó; restaram apenas suas palavras. Ademais, quando o homem superior tem oportunidade, ele chega ao alto; mas quando o tempo está contra, ele é levado pela força das circunstâncias. Ouvi dizer que um bom comerciante, a despeito dos ricos tesouros que guarda em segurança, aparenta ser pobre; e que o homem superior, a despeito de sua extrema virtude, ainda assim externamente parece estúpido. Deixe de lado seus ares orgulhosos e seus muitos desejos, seus hábitos insinuantes e sua vontade desenfreada. Elas não lhe são vantajosas; – isto é tudo que tenho a lhe dizer.

Após a entrevista, Confúcio teria dito:

> Sei como os pássaros voam, como os peixes nadam e como os animais correm. Mas o corredor pode ser apanhado numa armadilha, o nadador fisgado e o voador colhido pela flecha. Contudo, existe o dragão: – Não sei como ele cavalga o vento, atravessando as nuvens, e chega aos céus. Hoje encontrei Lao-tzu, e só posso compará-lo ao dragão.

A isto acrescento Ssu-ma Ch'ien:

> Lao-tzu cultivou o Tao e seus atributos, tendo como principal objetivo de seus estudos manter-se oculto e desconhecido. Continuou residindo na capital de Chou, mas após um grande período de tempo, testemunhando o declínio da dinastia, dirigiu-se à saída da cidade e deixou o reino, rumando para noroeste. Yin Hsi, guarda do portão, disse a ele: "Você está prestes a desaparecer de nossas vistas. Permita-me insistir que componha (primeiro) para mim um livro." Aquiescendo, Lao-tzu escreveu uma obra em duas partes, expondo suas visões sobre o Tao e seus tributos em mais de 5000 caracteres. Em seguida partiu e não se sabe onde morreu. Ele era um homem superior, que preferiu manter-se no anonimato.[2]

道德經

Nos últimos cinqüenta anos, estudiosos chineses, japoneses e europeus chegaram, por assim dizer, através de críticas textuais e minuciosas, a um consenso de que o livro de Lao-tzu, o *Tao Te Ching*, é uma compilação das máximas taoístas de diferentes autores, originário do século –4, durante a época de Chuang-tzu e até mesmo depois. Segundo Fung Yu-lan, Chuang-tzu deve ter-se tornado conhecido no período entre –369 e –286.[3] Ao considerar as confusas opiniões oriundas da crítica textual ao Novo Testamento, surgem-me algumas dúvidas quanto à seriedade deste desmascaramento da lenda Lao-tzu. Desde fins do século +19, estudiosos da tradição Ocidental, incluindo muitos chineses e japoneses, parecem ter estabelecido uma tendência a lançar dúvida sobre a historicidade de figuras "lendárias" do passado – sobretudo as de tipo religioso ou espiritual. Serão necessários muitos anos para determinar se este é um estilo ou mania dos estudiosos contemporâneos, ou se se trata de uma pesquisa honesta. Para satisfazer seus professores, muitos formandos afetam ardente ceticismo e uma aura de obje-

2. *Shih Chi*, tr. Legge (1), pp. 80-81.

3. Fung Yu-lan (2), p. 104. Para maiores detalhes sobre a pesquisa referente a estas datas, ver Creel (1), caps. 1 e 4.

tividade científica como questão de protocolo ao submeterem dissertações aceitáveis. Devido a esta forma de analisar os textos com uma grande lente de aumento, por vezes pondera-se se os estudiosos deixam de perceber traços que são óbvios a olho nu.

Para mim, o *Tao Te Ching*, o "Livro do Caminho Perfeito", obviamente poderia ser trabalho de uma só pessoa, possibilitando poucas interpolações e incongruências, reais ou aparentes, como as encontráveis praticamente na obra de qualquer filósofo. Seu estilo lacônico, aforístico e enigmático é uniforme ao longo de todo o livro, constituindo também o próprio ritmo de seu argumento: "O Tao é assim; por conseguinte o sábio deve conduzir-se assim." Em contraste, o estilo do livro de Chuang-tzu é inteiramente diferente – discursivo, argumentativo, narrativo e humorístico a ponto de provocar gargalhadas, de forma que, submetidos a julgamento estético, os dois livros evocam duas personalidades muito diferentes, conquanto consistentes. Até este momento, não acredito que conheçamos o suficiente da história antiga e da literatura chinesa para fazer um julgamento firme, o que talvez jamais seja possível.

Contudo, a época de Chuang-tzu (ou Chuang-chou) nunca foi muito discutida; tradicionalistas e estudiosos modernos concordam em sua maioria com o século –4. Chuang-tzu guardava com Lao-tzu o mesmo tipo de relação de São Paulo e Jesus, não obstante a diferença de que São Paulo jamais citou as reais palavras de Jesus, enquanto Chuang-tzu cita Lao-tzu. A tradução de Lin Yutang para Lao-tzu entremeia capítulos e trechos substanciais de Chuang-tzu como comentário, expediente que funciona admiravelmente bem, de forma que se percebe em Chuang-tzu uma evolução e elaboração das idéias vigorosas de Lao-tzu.

H. G. Creel afirma: "Para mim, *Chuang-tzu* é a obra filosófica mais afiada em qualquer língua."[4] A opinião de um estudioso deste porte inspira respeito. Literatos chineses, da mesma forma, consideram tal estilo literário de excelente qualidade, e devem ser muitos os que, como eu, exultam com Chuang-tzu como um dos poucos filósofos de todos os tempos que não se leva dolorosamente a sério, e cujos escritos são favorecidos com humor peculiar. Vale dizer, ele consegue rir das questões mais profundas sem ridicularizá-las mas, ao contrário, tornando-as mais profundas e verdadeiras, exatamente porque são engraçadas. Riso e misticismo, ou religião, raramente andam juntos. Esta mesma atitude pode ser encontrada, talvez devido às suas conexões com o Taoísmo, na literatura do Ch'an (Zen) Budismo, bem como no estilo pessoal de muitos de seus atuais seguidores.

Não é tão certa a época do livro Lieh-tzu. Conquanto atribuído pela tradição ao século –3, ele mostra a influência das idéias budistas, o que sugeriria um período anterior da era cristã, o século +1 ou +2. Lieh-tzu é igualmente crítico ao que Creel denominou
仙 "Hsien Taoísmo", diferente do "Taoísmo Contemplativo", constituindo o primeiro a busca da imortalidade e dos poderes paranormais, através das práticas da gimnosofia e da yoga, as quais parecem ter surgido entre os taoístas nos séculos –2 e –1. Um *hsien* é imortal – alguém que purificou sua carne, liberando-a da decadência por meio de formas especiais de respiração, dieta, drogas e exercícios para preservação do sêmen comparáveis às da Ioga Tântrica. Quando sua pele torna-se envelhecida e enrugada, ele se livra dela como uma serpente, revelando um corpo jovem por baixo.[5]

4. Creel (1), p. 55.

5. Ver Needham (1), vol. 2, p. 422 e ilustrações. Conquanto a idéia aqui se relacione com o princípio budista de transformação (*nirvana* ou *hua*),
化 não encontrei a imagem da mudança de pele na iconografia hindu ou tibetana; portanto ela parece derivar do Taoísmo Hsien.

淮南子

O livro *Huai Nan Tzu*, que também discorda do Taoísmo Hsien, foi escrito sob os auspícios do príncipe de Huai Nan, parente e súdito do imperador Wu, chamado Liu An, e pode ser situado com segurança no século –120. A este respeito declara Creel:

> Livro escrito sob seu patrocínio por vários estudiosos, chamado *Huai Nan Tzu*, é eclético mas de tom predominantemente taoísta. Menciona muito as técnicas para a busca da imortalidade, mas acredito que jamais as recomende. Ao contrário, insiste reiteradamente que vida e morte são a mesma coisa, e nenhuma das duas deve ser buscada ou temida. Ridiculariza o controle da respiração e a ginástica, destinadas a perpetuar o corpo, mas que acabam por confundir a mente.[6]

Este livro enfoca o Taoísmo Contemplativo e não o Taoísmo Hsien. Não conheço bastante bem este último, a ponto de explicá-lo com coerência ou julgá-lo com clareza. Meu interesse, contudo, reside no que os budistas denominam O Caminho da Sabedoria (*prajna*) em vez de o Caminho dos Poderes (*siddhi*), porque a expansão indefinida de nossos poderes e técnicas assemelha-se ao final à busca de uma miragem. Aquele que é imortal e possui o controle de tudo o que lhe acontece parece-me autocondenado à eterna monotonia, pois vive num mundo sem mistérios nem surpresas.

6. Creel (1), p. 19.

1. A Língua Escrita Chinesa

Um conhecido provérbio chinês afirma que uma imagem vale por mil palavras, porque via de regra é muito mais fácil mostrar do que falar. Como se sabe, a escrita chinesa é única, pois não usa um alfabeto mas, pelo contrário, caracteres ou ideogramas que originalmente eram imagens ou sinais convencionais. Ao longo dos séculos, os pictogramas gravados em osso e bambu transformaram-se em figuras, desenhadas com pincel sobre seda ou papel, pouco semelhantes às suas formas primitivas ou ao que costumavam indicar; sua quantidade e grau de abstração aumentou enormemente.

A maioria dos ocidentais – na verdade a maioria dos povos que possuem um sistema de escrita – e até mesmo alguns chineses consideram esta forma de escrita extremamente complexa e ineficiente. Nos últimos anos, falou-se muito de "racionalizar" o chinês, introduzindo um alfabeto similar, talvez, ao *hiragana* e *katakana* japonês.[1] Creio que isto seria um desastre.

Talvez não saibamos o quanto os povos que possuem um sistema de escrita hoje usam ideogramas. Aeroportos internacionais e rodovias estão cheios deles, pois o significado desses ideogramas é óbvio, qualquer que seja a língua nativa. O Quadro 1 apresenta uma lista incompleta desses símbolos, e o Quadro 2 sugere como devem ser usados na construção de frases. Dê asas à imaginação e torna-se evidente a possibilidade de desenvolver uma rica linguagem visual a partir dessas imagens, as quais seriam facilmente compreensíveis a quase todos, sem necessidade de aprender uma nova língua falada. Cada um pronunciaria esses símbolos em sua própria língua. Mas levaria muito tempo até essa linguagem desenvolver uma literatura e chegar ao ponto de poder expressar sutis nuances de pensamento e sentimento. Contudo, os computadores a dominariam

1. São caracteres altamente simplificados, o primeiro, cursivo, e o segundo, semelhante ao manuscrito, os quais designam as sílabas do japonês falado. O japonês escrito combina estes alfabetos com os ideogramas chineses (*kanji*) de forma que, entre outras coisas, os verbos podem ser conjugados e os substantivos declinados. Contudo, acredito que a maioria dos ocidentais acha bem mais difícil ler o japonês do que o chinês. Antes de ler o japonês, é preciso aprender a falá-lo.

com facilidade e, como está demonstrado no Quadro 2, esses ideogramas poderiam comunicar relações ou configurações complexas (*Gestalten*) muito mais rapidamente do que longas frases alfabéticas. Pois o ideograma fornece mais informação, a uma única olhada e em menor espaço de tempo, do que a forma de escrita linear e alfabética, que também precisa ser pronunciada para se tornar compreensível. Quem sabe não existe alguma relação entre a extensão de tempo hoje necessária para "completar" uma educação e os quilômetros de publicações que o olho deve percorrer?

Pois o universo natural não é um sistema linear, mas envolve uma infinidade de variáveis que interagem simultaneamente, de forma que seria preciso uma eternidade para traduzir até mesmo um momento de sua ação em linguagem linear e alfabética. Que dirá o universo! Consideremos apenas o planeta Terra, ou unicamente o que acontece em um pequeno lago ou na estrutura do átomo. Aí os problemas da linguagem estão relacionados com a filosofia taoísta, pois o livro de *Lao-tzu* começa afirmando que o Tao que pode ser explicado não é o Tao eterno (ou verdadeiro). Contudo, ele prossegue mostrando a existência de uma outra forma de compreender e acompanhar o processo da natureza, em vez de traduzi-la em palavras. Afinal de contas, o cérebro, órgão da inteligência, desafia a descrição lingüística, até mesmo a feita pelos maiores neurologistas. Assim, a linguagem ideográfica está um pouco mais próxima da natureza do que a linguagem estritamente linear e alfabética. A qualquer momento a natureza forma uma simultaneidade de configurações. Uma linguagem ideográfica é uma *série* de configurações, e, nesta medida, ainda linear – embora não tão trabalhosamente linear quanto uma linguagem alfabética.

Este ponto crítico – qual seja, o de que nossos organismos possuem formas de compreensão inteligen-

Quadro 1 – Coletânea de Ideogramas Ocidentais

Astronômicos, astrológicos e meteorológicos:

Matemáticos e eletrônicos:

Direcionais, cartográficos e admonitórios:

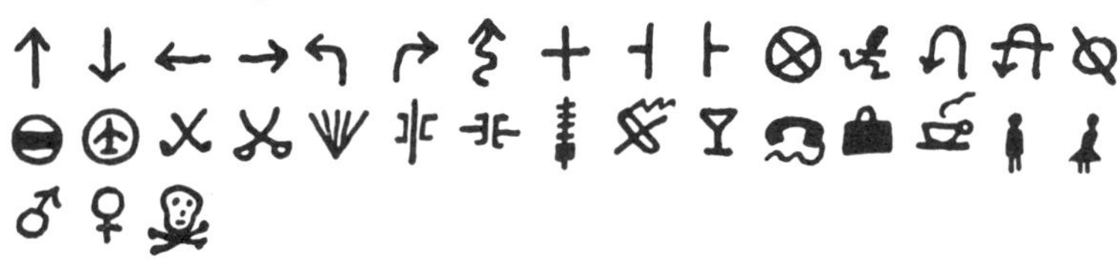

Químicos (arcaicos):

Religiosos e políticos:

Miscelânea (embora seu significado seja óbvio):

Quadro 2 – Ideogramas Ocidentais Usados como Linguagem

Esta história praticamente não precisa de tradução:

Exemplos compostos:

 Patriarcado	 Matriarcado	 Igualdade de sexos	 Unissex
 Alegria de viver	 Medo da morte	 Amor eterno	 Cruzada
 Povo pacífico	 Misturado	 Fértil	 Piloto aéreo
 Dia claro, vento sudoeste		 Chuva intensa, vento oeste, perigo de inundação	

te que vão além de palavras e atenção consciente, formas estas capazes de manipular ao mesmo tempo um número desconhecido de variáveis – será discutido mais adiante. Por enquanto, basta afirmar que a organização e regulação de milhares de processos físicos, por meio do sistema nervoso, estariam inteiramente além da capacidade de pensamento e planejamento deliberados – sem mencionar as relações entre estes processos e o mundo "exterior".

Como já disse, são necessários anos e anos para que uma linguagem ideográfica nova e artificial desenvolva uma literatura. Mas por que dar-se a este trabalho quando já temos o chinês? Oitocentos milhões de pessoas o lêem e pronunciam de pelo menos sete maneiras diferentes ou dialetos, sem incluir o japonês, mais diferentes entre si do que o inglês da Inglaterra e o dialeto londrino, ou a gíria da região do jazz em New Orleans. Ademais, ele mantém de maneira substancial a mesma forma há pelo menos 2500 anos, de modo que hoje qualquer pessoa que fale inglês tem mais dificuldade em compreender Chaucer do que um chinês contemporâneo em compreender Confúcio. De certa forma, o inglês – idioma incrivelmente complexo e idiomático – tornou-se a principal língua internacional, conquanto o espanhol seja mais simples. Não seria possível ao chinês ser a segunda língua mundial, na forma escrita?

Isto não é tão absurdo quanto muita gente poderia pensar, pois nossa costumeira frustração diante dos ideogramas chineses na verdade é uma questão de preconceito de quem os desconhece. Nós os supomos bizarros, estranhos, tortuosos e tão ardilosos quanto o "Oriente misterioso". Embora o dicionário K'ang-hsi de +1716 liste cerca de 40 mil ideogramas, uma pessoa razoavelmente culta precisa de aproximadamente 5000 deles, e um Ocidental com educação comparável saberia esse número de palavras em sua própria língua. Sem dúvida, a dificuldade de reconhecer e de identificar os ideogramas não é maior do que em outros padrões complexos, como os vários tipos de flores, plantas, borboletas, árvores e animais selvagens.

Em outras palavras, o chinês é mais simples do que parece e, de maneira geral, pode ser escrito e lido mais rapidamente do que o inglês. A palavra inglesa *man* exige dez traços, enquanto o chinês *jen* 人 exige apenas dois. *Tree* exige treze, mas *mu* 木 apenas quatro. *Water*, dezesseis; mas *shui* 水 cinco. *Mountain* exige dezoito; mas *shan* 山 apenas três. Mesmo quando complicamos, *contemplation* exige 28, enquanto *kuan* 觀 apenas 25. As maiúsculas romanas são equivalentes adequados para esses ideogramas e, embora nossa escrita à mão acelere o processo, isso nada significa comparado com o seu equivalente chinês. Compare *nothing* e *wu* 無 . Para estabelecer o contraste entre nossa escrita e a chinesa e sua relativa complexidade, vire a página em ângulo de 90º e . . . olhe em inglês!

Para simplificar mais, o chinês não faz distinções rígidas entre as partes do discurso. Substantivos e verbos com freqüência são permutáveis, podendo servir também como adjetivos e advérbios. Quando atuam como substantivos, não exigem o aborrecimento ritual de gênero, com os quais os adjetivos devem concordar, nem são declinados, e quando usados como verbos, não são conjugados. Quando necessário, determinados ideogramas simples são usados para mostrar se a situação pertence ao passado, ao presente ou ao futuro. Não existe a dificuldade de *é, foi* e *será*, muito menos de *suis, es, est, sommes, êtes, sont, fus, fûmes, serais* e *sois* como formas do verbo *être*, ser/estar em francês. Quando traduzido literalmente para o inglês, o chinês parece um telegrama:

上德不德是以不有德

Virtude superior não virtude é ser virtude.

O que devemos elaborar, tornando-a, "A virtude superior não é intencionalmente virtuosa, por isso mesmo é virtude." Mas o chinês é mais chocante, e "faz pensar".

Com isto pode parecer difícil ser exato em chinês, ou estabelecer distinções claras e necessárias à análise científica. Por outro lado, contudo, o chinês possui a vantagem peculiar de expressar muitas coisas ao mesmo tempo e todas elas com significado; daí as, pelo menos, setenta traduções para o inglês de Lao-tzu. Além disso, o chinês utiliza palavras compostas para obter precisão. Assim, *sheng* 生 , que significa,

Quadro 3 – Evolução da Escrita Chinesa

1ª Coluna: Escrita Arcaica. 2ª: Estilo do Pequeno sinal. 3ª: Estilo Clássico e Moderno, baseado no uso do pincel.

3ª	Significado
日	Sol
月	Lua
人	Homem, ser humano
羊	Carneiro
山	Montanha
入	Entrar (cabeça da flecha)
中	Meio (mastro do navio, com bandeirolas acima e abaixo)
至	Chegar a (seta atinge o alvo)
春	Primavera (plantas vacilantes, ainda necessitando do suporte do bambu)
雨	Chuva
行	Prossiga (cruzamento)
易	Mudança (camaleão ou lagarto)
元	Origem, primeiro (perfil humano com ênfase na cabeça)
生	Nascimento, vir a ser (planta crescendo)
少	Pequeno (quatro grãos)
男	Masculino (arado e campo)
土	Terra (totem fálico)
德	Virtude, poder, *mana* (abreviação para o sinal de cruzamento, "prossiga", incluindo o olho e a cabeça, ou "vendo" e "pensa-mento-sentimento")

entre outras coisas, "nascer", pode ser especificado como 生產 parto, 生(出)世 nascer do mundo, 生下 ou 生養 養 ser gerado, tendo este último também o sentido de educação, criação. Portanto, pode-se distinguir 胎生 nascimento do útero, 卵生 nascimento do ovo e 化生 nascimento por transformação, como no caso da borboleta.

Parte importante da gramática chinesa é a ordem das palavras. Conquanto, sob muitos aspectos, se pareça e não pareça com o inglês (por exemplo, coloca os verbos no final da frase como no latim e no alemão), deve-se atentar para a distinção entre 手背 costas da mão(s) e 背手 mãos às costas, e enquanto 皇上 é o Imperador, 上皇 é seu pai ou o finado Imperador. Isto não é tão diferente em princípio de →↑ vire à direita e em seguida suba, e ↑→ suba e vire à direita.

De longa data defendo o ensino de chinês em escolas secundárias, não só porque devemos inevitavelmente aprender a comunicar-nos com os chineses, mas porque, de todas as culturas superiores, a dos chineses é a mais diferente da nossa em sua forma de pensar. Toda cultura se baseia em pressupostos tão aceitos como certos que mal chegam ao plano da consciência, e apenas quando estudamos culturas e linguagens diferentes, nós nos tornamos conscientes daqueles. Línguas européias padrão, por exemplo, possuem frases tão estruturadas que o verbo (a ação) deve ser colocado em movimento pelo substantivo (coisa) – apresentando assim um problema metafísico tão delicado, e provavelmente tão sem sentido, quanto o da relação entre mente e corpo. Não podemos falar em "saber" sem supor a existência de um "quem" ou "o quê" sabe, sem perceber que isto não passa de convenção gramatical. A suposição de que saber exige alguém que saiba baseia-se numa regra lingüística e não existencial, o que se torna óbvio quando consideramos que a chuva não precisa de alguém que chova e a nuvem não precisa de alguém que faça nuvens. Assim, quando um chinês recebe um convite formal, ele pode responder simplesmente com a palavra "sei" 知, indicando que está consciente do acontecimento e poderá comparecer ou não.[2]

Consideremos também a surpreendente experiência de Rozin, de Poritsky e de Sotsky, da Universidade da Pensilvânia, os quais descobriram que as crianças do segundo ano, atrasadas em leitura, aprendiam chinês com facilidade e sabiam construir frases simples em questão de quatro semanas.[3] Não sei se já fizeram esta experiência com crianças surdas, mas é evidente que uma linguagem ideográfica constituiria o meio ideal de comunicação escrita. Com freqüência, percebe-se que japoneses e chineses em conversa traçam ideogramas no ar ou na mesa com os dedos, a fim de esclarecer ambigüidades ou imprecisões da palavra falada. (É um artifício colocá-los para trás ou de cabeça para baixo, em benefício da pessoa que está à sua frente!)

Vez por outra, afirma-se que a escrita chinesa (bem como a pintura) contém um "alfabeto", pois possui um número finito de componentes padronizados.[4] Afirma-se, não de todo acertadamente, que o ideograma *yung* 永, "eterno", contém todos os traços básicos utilizados na escrita chinesa, conquanto eu não per-

2. Lin Yutang (1), p. 164.

3. Rozin, Poritsky e Sotsky (1), p. 1264-67.

4. Afora os traços básicos (com pincel), existem componentes ligeiramente mais complexos, equivalentes *grosso modo* às formas mais simples dos 214 "radicais", por meio dos quais os ideogramas são classificados nos dicionários. Parece-me que, em grande medida, o dicionário para principiantes mais conveniente e prático é o de Arthur Rose-Innes (1), embora a pronúncia nele consignada seja japonesa. Quanto ao uso de princípio semelhante na pintura, ver Mai-mai Sze (1), vol. 2, capítulo "O Jardim da Semente de Mostarda". E também Chiang Yee (1), *Caligrafia Chinesa*.

ceba aí a inclusão do "traço osso" fundamental —, ou formações tais como . Quando alguém se familiariza com os traços fundamentais e as formas componentes dos ideogramas, estes tornam-se de mais fácil reconhecimento e memorização, mesmo antes de conhecer seu significado em inglês. Ler chinês é fundamentalmente o que os especialistas em comunicação denominam "reconhecimento padrão" – uma função da mente ainda pouco dominada por computadores, por ser uma função não-linear. A mente reconhece instantaneamente que **Aa** *Aa* Aa, bem como 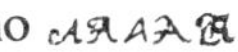 são a mesma letra, mas hoje (1973) o computador tem dificuldade com isto. Não parece de todo inconcebível que um computador possa absorver o *K'ai-shu,* estilo 楷書 rígido e formal da escrita com letra de imprensa chinesa, aproximando-se assim de um método de pensamento não-linear.

A idéia de não-linearidade é desconhecida para muitas pessoas; assim, talvez seja melhor explicá-la mais detalhadamente. Um bom organista, usando dez dedos e dois pés, poderia – tocando os acordes – executar doze melodias ao mesmo tempo; contudo, se não fosse extremamente ágil com os pés, as melodias teriam todas o mesmo ritmo. Sem dúvida, poderia produzir uma fuga em seis partes – quatro com as mãos e duas com os pés – e, na linguagem matemática e científica, cada uma destas partes seria denominada uma variável. A atuação de cada órgão do corpo também é uma variável – assim como, neste contexto, a temperatura, a constituição da atmosfera, o ambiente bacteriano, o comprimento de onda de várias formas de radiação e o campo gravitacional. Entretanto, não temos idéia de quantas variáveis podem ser distinguidas em qualquer situação natural. Uma variável é um processo (e.g., melodia, vibração, pulsação) que pode ser isolado, identificado e medido pela atenção consciente.

São dois os problemas ao lidar-se com variáveis. Primeiro: como reconhecemos e identificamos *uma* variável, ou *um* processo? Por exemplo, podemos pensar no coração separado das veias, ou nos galhos de uma árvore? Exatamente o que distingue o processo da abelha do processo da flor? Tais distinções, de certa forma, são arbitrárias e convencionais, mesmo quando descritas em linguagem bastante exata, pois residem mais na linguagem do que naquilo que descrevem. Segundo: não existe limite conhecido para o número de variáveis que podem estar envolvidas em qualquer evento natural ou físico – tal como chocar um ovo. As bordas da concha são nítidas e duras, mas quando começamos a refletir a respeito, chegamos a considerações sobre biologia molecular, o clima, a física nuclear, as técnicas de criação de aves domésticas, a sexologia ornitológica e assim por diante, até percebermos que este "acontecimento simples" deve ser considerado – se conseguirmos – em relação a todo o universo. Mas a atenção consciente, baseada nos instrumentos de palavras soletradas em ordem, ou de números em ordem, só consegue estar atenta a algumas variáveis que são isoladas e descritas por estes instrumentos. Do ponto de vista da descrição linear, coisas demais acontecem a cada instante. Persuadimo-nos, então, de que estamos atentos a algumas coisas realmente importantes ou significativas, assim como o editor do jornal seleciona a "notícia" dentre uma infinidade de acontecimentos.

O ouvido não consegue detectar tantas variáveis ao mesmo tempo quanto o olho, pois o som possui uma vibração mais lenta do que a luz. A escrita alfabética é uma representação do som, enquanto que o ideograma representa a visão e também o mundo diretamente – sem constituir o sinal para um som que é o nome de determinada coisa. Quanto aos nomes, o som "pássaro" nada tem em si que lembre um pássaro, e por algum motivo nos pareceria infantil substituir mais nomes diretos, tais como pipilo, glu-glu.

Afora todas as vantagens do ideograma, também existe a sua beleza formal. Não somente porque aos nossos olhos é exótico e ininteligível. Ninguém aprecia mais a beleza desta escrita do que os próprios chineses e japoneses, conquanto se pudesse supor que a familiaridade destes com essa caligrafia os tornasse indiferentes a tudo exceto ao seu significado. Pelo contrário: no Extremo Oriente, a prática da caligrafia é considerada uma arte das mais refinadas, junto com a pintura e a escultura. Um rolo de pergaminho escrito pendurado na sala de forma alguma deve ser comparado a alguma admoestação bíblica, impressa em letras góticas, emoldurada e pendurada na parede. A importância desta última está na sua mensagem, enquanto a importância da primeira reside na sua beleza visual e na expressão do caráter do escritor.

Durante muitos anos, pratiquei a caligrafia chinesa, e ainda não sou um mestre nesta arte, que poderia ser descrita como uma dança com o pincel e a tinta, em papel absorvente. Como a tinta é composta, em grande parte, de água, a caligrafia chinesa – controlando o fluxo d'água com o pincel macio, tão diferente da caneta dura – exige o acompanhamento do fluxo. Se você hesita, se mantém o pincel tempo demais em determinado ponto, se se apressa ou tenta corrigir o que acabou de escrever, as imperfeições são demasiado evidentes. Mas se você escreve bem, existe ao mesmo tempo a sensação de que o trabalho acontece por si mesmo, que o pincel está escrevendo sozinho – como um rio, seguindo a linha de menor resistência, traça curvas elegantes. A beleza da caligrafia chinesa, assim, é a mesma beleza que reconhecemos na água em movimento, na espuma, nos borrifos, redemoinhos e ondas, bem como nas nuvens, na chama e no entrelaçamento da fumaça ao sol. Os chineses chamam a este

理 tipo de beleza o resultado de *li*, ideograma que originalmente referia-se à pintura em jade e em madeira, e que Needham traduz como "padrão orgânico", embora seja mais bem compreendido como "razão" ou "princípio" das coisas. Li é o padrão de comportamento que ocorre quando se está de acordo com o Tao, o curso d'água da natureza. Os padrões do ar em movimento são desse mesmo caráter, bem como a idéia chinesa de 風流 elegância, expressa como *feng-liu*, o fluxo do vento.

Ora, esse fluir com o vento ou a correnteza, junto com o padrão de inteligência do organismo humano, constitui toda a arte da navegação – usar o vento em suas velas enquanto bordejando em direção contrária. Buckminster Fuller sugeriu que os marinheiros foram os primeiros grandes tecnólogos, estudando as estrelas para navegar, percebendo que a Terra é redonda, inventando mecanismos de talha para içar as velas (e também os braços móveis de suporte), e compreendendo os rudimentos da meteorologia. Da mesma maneira, Thor Heyerdahl (1), em sua expedição Kon-Tiki, reconstruiu a balsa de navegação mais primitiva, a fim de constatar se as correntes e ventos do Pacífico o tirariam do Peru, e surpreendeu-se ao descobrir como seu ato de fé foi agraciado com a cooperação da natureza. Seguindo a mesma linha de pensamento: assim como é mais inteligente velejar em vez de remar, nossa tecnologia sem dúvida utiliza melhor as marés, os rios e o sol para obter energia, no lugar de combustíveis fósseis e do poder inconstante da fissão nuclear.

Assim como a escrita chinesa é no mínimo um passo de aproximação com a natureza maior do que o nosso, igualmente a milenar filosofia do Tao segue, de maneira habilidosa e inteligente, o curso, a correnteza e a índole dos fenômenos naturais – considerando a vida humana como característica integral do processo do mundo, e não alguma coisa alienígena e oposta a ele. Analisando esta filosofia, tendo em mente as necessidades e problemas da civilização moderna, percebemos que ela sugere uma atitude para com o mundo que deve fundamentar todos os nossos esforços em direção a uma tecnologia ecológica. Pois o desenvolvimento dessa tecnologia não é apenas uma questão das técnicas em si, mas da atitude psicológica do técnico.

Até o momento, a ciência ocidental enfatizou a atitude de objetividade – fria, calculista e distanciada –, por meio da qual, aparentemente, os fenômenos naturais, incluindo o organismo humano, não passam de mecanismos. Contudo, conforme implica a própria palavra, um universo de meros objetos é objetável. Sentimo-nos justificados a explorá-lo impiedosamente, mas agora estamos percebendo, tardiamente, que os maus tratos infligidos ao meio ambiente estão trazendo danos a nós mesmos, pela simples razão de que sujeito e objeto não podem ser separados e de que nós e o nosso meio ambiente constituímos o processo de um campo unificado, o que os chineses denominam Tao. A longo prazo, simplesmente não teremos outra alternativa senão trabalhar junto com este processo, através de atitudes e métodos que, tecnicamente, podem ser tão eficazes quanto o *judô*, o "Tao pacífico", é eficaz 柔道
atleticamente. Enquanto seres humanos, precisamos correr o risco de confiar uns nos outros a fim de alcançarmos algum tipo de comunidade viável, e também precisamos aventurar-nos a enfunar nossas velas a favor dos ventos da natureza. Pois o nosso *self* é inseparável desse modelo do universo, e não existe outro lugar para se estar.

2. A Polaridade Yin-Yang

Na própria origem do pensamento e sentimento chinês reside o princípio da polaridade, que não deve ser confundido com as idéias de oposição ou conflito. Nas metáforas de outras culturas, a luz está em luta com a escuridão, a vida com a morte, o bem com o mal e o positivo com o negativo e, assim, o idealismo de cultivar o primeiro e de livrar-se do último floresce em grande parte do mundo. Para a forma tradicional do pensamento chinês, isso é tão incompreensível quanto a corrente elétrica sem os pólos positivo e negativo, pois a polaridade é o princípio de que + e –, norte e sul, constituem diferentes aspectos de um mesmo sistema, e o desaparecimento de um dos dois implicaria o desaparecimento do sistema.

As pessoas educadas dentro da aura das aspirações cristãs e hebraicas consideram tal realidade frustrante, pois esta parece negar qualquer possibilidade de progresso, ideal oriundo de sua visão de tempo e história lineares (tão distinta da visão cíclica). De fato, toda a iniciativa da tecnologia ocidental busca "tornar o mundo melhor" – obter prazer sem dor, riqueza sem pobreza e saúde sem doença. Mas, como agora está se tornando óbvio, nossos intensos esforços visando alcançar este ideal com armas tais como DDT, penicilina, energia nuclear, transporte automotor, computadores, agricultura industrial, incitando todos a serem, por lei, superficialmente "bons e saudáveis", têm criado mais problemas do que soluções. Interferimos num complexo sistema de relações que não compreendemos, e quanto mais estudamos seus detalhes, mais ele nos ilude, revelando outros detalhes a serem estudados. Quanto mais tentamos compreender e controlar o mundo, mais ele nos foge. Em vez de impacientar-se com tal situação, o taoísta pergunta qual o seu significado. O que é isso que sempre recua ao ser buscado? Resposta: você mesmo. Os idealistas (no sentido moral da palavra) consideram o universo separado e diferente deles mesmos – isto é, um sistema de objetos externos que precisa ser subjugado. Os taoístas encaram o universo como igual a eles mesmos ou inseparável deles mesmos.

Assim, diria Lao-tzu, "Conheço todo o universo sem sair de minha casa".[1] [104*a*] Isto implica que a arte de viver é mais semelhante à navegação do que à guerra, pois o importante é entender os ventos, as marés, as correntes, as estações e os princípios de crescimento e declínio, de forma que se possa utilizá-los e não lutar contra eles. Neste sentido, a atitude taoísta não se opõe à tecnologia *per se*. Na verdade, os escritos de Chuang-tzu estão repletos de referências a engenhos e habilidades aperfeiçoadas por este princípio de "prosseguir a favor da natureza". Portanto, a tecnologia só é destrutiva nas mãos de pessoas que não se percebem como o mesmo processo do universo. Nossa excessiva especialização em atenção consciente e no pensamento linear tem levado à negligência ou ignorância dos princípios e ritmos básicos deste processo, cuja característica fundamental é a polaridade.

No chinês, os dois pólos da energia cósmica são o *yang* (positivo) e o *yin* (negativo), sendo seus sinais convencionais respectivamente — e – –. Os ideogramas indicam os lados ensolarado e sombrio de uma colina, *fou*, e estão associados ao masculino e feminino, ao firme e ao dócil, ao rijo e ao flexível, à luz e às trevas, à ascensão e à queda, ao céu e à terra, sendo reconhecidos inclusive em questões do dia-a-dia tais como cozinhar com ou sem condimentos. Assim, a arte de viver não é encarada como a manutenção do *yang* e o banimento do *yin*, mas como o equilíbrio de ambos, porque um não existe sem o outro. Quando considerados sob o aspecto feminino e masculino, a referência não é tanto o indivíduo masculino e feminino, mas as características dominantes, embora não exclusivas, em

陽 陰

阜 ou 阝

1. *Lao-Tzu* 47, tr. auct. O número entre parênteses refere-se à página onde esta citação é reproduzida na caligrafia chinesa. A letra *a* identifica esta citação nessa página. Uma nota na p. 142 explica o arranjo de caligrafia, que aparece nas pp.88-105 e 136-141.

cada sexo. Naturalmente, o homem possui o pênis convexo e a mulher a vagina côncava; e embora as pessoas considerem o primeiro como posse e o segundo como falta (A "inveja do pênis" Freudiana), qualquer tolo conseguiria perceber que um não pode ser proeminente sem a reentrância, e o *membrum virile* exuberante de nada vale sem ter onde entrar, e vice-versa.* O homem não deve desprezar seu componente feminino, nem a mulher o masculino. Assim fala Lao-tzu:

> Conhecendo o masculino e conservando o feminino, a pessoa se torna uma corrente universal. Tornando-se uma corrente universal, não se sente separada da virtude eterna.[2] [104*b*]

O yang e o yin são princípios, não homens e mulheres, de forma que não existe relação verdadeira entre o homem artificialmente valentão e a mulher artificialmente frágil.

A chave para o relacionamento entre yang e yin é
相生 chamada *hsiang sheng*, ascensão ou inseparabilidade mútuas. Como diz Lao-tzu:

* Ademais, a mulher também possui uma região sexual convexa – o clitóris, menor, mas talvez mais potente em prazer do que o órgão masculino (orgasmos cada vez mais sustentados). Ela também possui seios convexos, comparados ao peito plano do homem. Acima de tudo, a mulher é dotada de um equipamento para procriar – atualmente invejado pelo homem – e sua beleza é mais sutil do que a opulência de pavão no macho da espécie. Os homens chineses sempre souberam deste "equilíbrio no desequilíbrio". Talvez esta seja uma das razões para a repressão universal da mulher infligida pelo homem.

O asterisco indica notas adicionais feitas por Al Chung-liang Huang, que acredita que essas mudanças e extensões teriam sido feitas pelo próprio Alan Watts, caso estivesse vivo e continuasse a melhorar o manuscrito existente. Todos os comentários baseiam-se em discussões entre Al Huang e Alan Watts ao longo do trabalho em colaboração de ambos para a feitura deste livro. Alguns comentários foram adaptados ou retirados diretamente das palavras de amigos que leram o primeiro esboço de Alan, os quais tiveram a gentileza de ceder seus comentários.

2. *Lao-tzu* 28, tr. auct.

Quando todos conhecem a beleza como beleza, aí existe a fealdade;
Quando todos conhecem o bem como bondade, aí existe o mal.
"Ser" e "não ser" manifestam-se mutuamente;
A dificuldade e a facilidade percebem-se mutuamente;
O longo e o breve oferecem contraste mútuo;
O alto e o baixo situam-se mutuamente; . . .
O antes e o depois apresentam-se em seqüência mútua.[3]
[104*c*]

Assim, eles são como os lados diferentes mas inseparáveis de uma moeda, os pólos de um magneto ou a pulsação e o intervalo em qualquer vibração. Não existe a possibilidade final de um dos dois vencer o outro, pois assemelham-se mais a amantes em embate corporal do que inimigos em luta.[4] Contudo, é difícil, com a nossa lógica, perceber que ser e não-ser são mutuamente geradores e sustentadores, pois o incomensurável e ilusório terror do homem ocidental está em que o nada seja o fim permanente do universo. É difícil para nós perceber que o vazio é criativo, e que o ser provém do não-ser, assim como o som provém do silêncio e a luz do espaço.

Trinta raios se unem no eixo da roda;
É a abertura central (literalmente, "de seu não-ser") que a torna útil.
A argila é modelada e transformada em vaso;
É seu espaço interior que o torna útil;
Janelas e portas são abertas no quarto;
São as aberturas que o tornam útil;
Logo, o proveito surge do que existe;
A utilidade, do que não existe.[5] [104*d*]

3. *Lao-tzu* 2, tr. auct.

4. Assim, é interessante que uma expressão chinesa corrente para relação sexual seja *hua chen*, o combate florido, no qual, naturalmente, não existe em qualquer dos parceiros o desejo de aniquilar o outro. 花陣

5. *Lao-tzu*, 11, tr. Gia-fu Feng (1), n. p., mod. auct.

Não sei se tal questão pode ser elaborada com a nossa lógica, mas penso que é impossível conceber qualquer forma sem o componente do espaço relativamente vazio. Ignoramos o espaço apenas porque é uniforme, como a água para os peixes e o ar para os pássaros. É praticamente impossível fornecer descrições inteligíveis de elementos ou dimensões constantes em todas as experiências – tais como a consciência, o tempo, o movimento ou a eletricidade. Contudo, a eletricidade está bastante presente, possuindo propriedades mensuráveis e controláveis. Não obstante, afirma o professor Harold A. Wilson, escrevendo sobre "Eletricidade" na *Enciclopédia Britânica* de 1947:

> O estudo da eletricidade, hoje, compreende uma vasta gama de fenômenos, e em todos somos levados de volta, em última análise, aos conceitos fundamentais de descarga elétrica e campos elétricos e magnéticos. *Tais conceitos atualmente são essenciais*, não explicáveis em termos de outros. No passado, foram feitas inúmeras tentativas de explicá-los como fluidos elétricos ou como éter com propriedades de corpos materiais, conhecidos por nós através do estudo da mecânica. Hoje, contudo, percebemos que os fenômenos da eletricidade não podem ser explicados desta forma, e a tendência é *explicar todos os demais fenômenos em termos de eletricidade, considerada fundamental*. Portanto, a pergunta: "O que é eletricidade?" – mostra-se essencialmente irrespondível, se o que se procura é uma explicação da natureza da eletricidade em termos de corpos materiais.[6]

Isto, que tem como autor um cientista, é metafísica pura. Mudem-se algumas palavras, e teremos Santo Tomás de Aquino escrevendo a respeito de Deus.

6. *Enciclopédia Britânica* (1947), vol. 8, p. 182, grifos meus. Este trecho lembra o começo de Lao-tzu, "O Tao que pode ser explicado não é o Tao eterno , e prossegue escrevendo um livro inteiro a este respeito; pois o item que se segue a este parágrafo é uma ampla discussão sobre as propriedades e o comportamento deste "final" desconhecido.

Entretanto, segundo o que sinto intuitivamente, "espaço" e "vazio" (*k'ung*) estão aqui, e qualquer 空 criança brinca de imaginar o espaço expandindo-se cada vez mais, sem limites. Esse espaço não é apenas o "nada", como costumamos dizer, pois não posso fugir à sensação de que o espaço e minha percepção do universo são a mesma coisa, e recordar as palavras do patriarca Ch'an (Zen) Hui-neng, escrevendo onze séculos depois de Lao-tzu:

> A capacidade da mente é ampla e extraordinária, como o grande céu. Não adianta sentar-se e fixar a mente no vazio. Assim você cairá numa forma neutra de vazio. O vazio inclui o sol, a lua, as estrelas e os planetas, toda terra, as montanhas e os rios, todas as árvores e pastagens, homens maus e bons, coisas boas e más, céu e inferno; todos estão em meio ao vazio. O vazio da natureza humana também é assim.[7]

Por isso, o princípio yin-yang de algo e nada de dentro e fora, de sólido e espaço, bem como de vigília e de sono, e a alternância entre existir e não-existir, são mutuamente necessários. Poder-se-ia indagar como você sabe que está vivo, a não ser que já tenha morrido? Como pode falar de realidade ou de ser, exceto no contexto da apreensão polar do vazio?

Sob certos aspectos, o yang e o yin, são paralelos à visão budista posterior da forma, *se*, e vazio, *k'ung* 色空 – sobre os quais fala o *Hridaya Sutra*: "A forma é o vazio, e o vazio é a forma." Este aparente paradoxo torna-se de pronto compreensível em termos da idéia de claridade, *ch'ing*, pois pensamos na claridade como 清 um espaço translúcido e livre, e como forma articulada em cada detalhe – aquilo que os fotógrafos, utilizando-se de lentes bastante aperfeiçoadas, denominam

7. *Tan-ching* 24, tr. Yampolsky (1), p. 146.

"alta definição". O que nos remete ao que dizia Laotzu a respeito da utilidade de portas e janelas. Através do nada perfeito, divisamos o algo perfeito. Da mesma maneira, os filósofos da Escola Yin-Yang (século –3) viam o positivo — e o negativo -- como aspectos do
太極 *t'ai chi*, o "grande fim", inicialmente representado
como um círculo vazio, *wu chi*, embora *chi* aparen- 無極
temente tivesse o significado original de pau de cumeeira, sobre o qual naturalmente repousariam as duas águas de um telhado, o *yang* e o *yin*.

Portanto, o princípio *yin-yang* não é o que ordinariamente denominaríamos dualismo mas, ao contrário, uma dualidade explícita que expressa uma unidade implícita. Os dois princípios não se opõem, como já sugeri, da mesma maneira que o Ahura Mazda e o Ahriman zoroastrianos, mas "se amam", e curiosamente seu emblema tradicional é a dupla hélice que representa ao mesmo tempo o padrão da comunicação sexual e de galáxias em espiral.

> Um yin e um yang chama-se Tao. A união apaixonada do yin e do yang e a cópula de marido e mulher constituem o padrão eterno do universo. Pois se terra e céu não se misturam, de onde tudo receberia vida?[8]

O problema prático da vida não residia no descontrole da dupla. Apenas recentemente os chineses entregaram-se a alguma forma de utopia, conquanto esta deva ser compreendida como reação necessária aos incontáveis anos de exploração estrangeira, de anarquia e de extrema pobreza.* Mas no século –4, escrevia Chuang-tzu:

8. *Ch'eng-Tzu*, tr. Forke (1), p. 68, mod auct. Ver também as obras de Ch'eng Ming-tao e Ch'eng Yi-ch'uan, em Graham (1).

* E repassando a história chinesa, percebe-se que houve uma revolução atrás da outra, cada qual lançando-se com o mesmo ímpeto para o extremo oposto ao governo anterior. Depois de um equilíbrio, segue-

Assim, aqueles que afirmam que estão certos sem o seu correlato, o errado, ou um bom governo sem o seu correlato, o desgoverno, não apreenderam os grandes princípios do universo, nem a natureza de toda a criação. Poder-se-ia falar da existência do Céu sem falar da Terra, ou do princípio negativo sem o positivo? Isto é claramente impossível. Contudo, as pessoas discutem a este respeito, ininterruptamente; tais pessoas devem ser idiotas ou desonestas.[9] [58*a*]

Tanto Lao-tzu (uma vez, no capítulo 42) e Chuang-tzu (várias vezes) mencionam a polaridade *yin-yang*, mas não fazem referência ao *I Ching*, ou *Livro das Mutações*, no qual as permutas e combinações 易經
das duas forças (*liang yi*) são examinadas em detalhe, 兩儀
segundo os 64 hexagramas formados pelas linhas *yin* e *yang*. Contudo, ao que parece, o *I Ching* é o mais antigo de todos os clássicos chineses, datando do –2º milênio, ou mesmo do –3º milênio, exibindo assim os padrões básicos do pensamento e cultura chineses. Entretanto, como nem Lao-tzu nem Chuang-tzu o mencionam, citam ou usam sua terminologia característica, a antigüidade e autoridade venerável deste texto deve ser questionada.[10] Por outro lado, desde pelo menos o século –3, sábios chineses fazem comentários sobre esta obra, perfumando-a com seus pensamentos, conferindo-lhe assim profundidade filosófica. Os leitores da grande tradução de Wilhelm, sobretudo os que o utilizam para adivinhação, devem estar conscientes de que Wilhelm entremeou as primeiras formas da obra com

se, ciclicamente, novo desequilíbrio, que ascende até chegar ao auge, tornando-se antes necessária uma nova revolução. A maioria dos chineses considera o atual governo chinês uma fase da lua. O nome do rei ou governante pode mudar de tempos em tempos, mas o povo chinês, o ser humano e sua natureza, permanecem constantes.

9. *Chuang-tzu*, tr. Lin Yutang (3), p. 51.

10. A referência à veneração de Confúcio ao livro, no *Lun Yü*, é de veracidade bastante duvidosa, pois não há referência a isto na versão de Lu para os *Analectos*. Ver Waley (1), p. 124 *n*.

passagens do "Wings", ou Apêndices, grande parte dos quais sem dúvida posterior a –250. Em outras palavras, a tradução de Wilhelm nos fornece um quadro verdadeiro do *I Ching* como é usado e compreendido na China de tempos relativamente modernos. Contudo, calculo que nos séculos –5 e –4, esta obra circulava como sabedoria popular, transmitida oralmente, sendo portanto sua antigüidade indeterminável, apenas comparável à arte da leitura de folhas de chá ou das linhas da palma da mão. Talvez houvesse versões escritas, mas estas teriam a qualidade do *Farmer's Almanac*, ou de guias populares sobre o significado dos sonhos.

Assim, o *I Ching*, enquanto texto específico, não parece ter influenciado o Taoísmo até o período posterior a Lao-tzu e a Chuang-tzu. Não obstante, existe um elemento comum nos fundamentos do *I Ching* e na filosofia taoísta primitiva. Em poucas palavras, este elemento é o reconhecimento de que os contrários são polares, ou interdependentes, e existe algo em nós – que Groddeck, Freud e Jung denominaram "o Inconsciente" – a exigir uma sabedoria superior, que pode ser compreendida pela lógica. Em termos mais atuais, é possível afirmar que o labirinto do sistema nervoso pode somar mais variáveis do que o processo de exploração da atenção consciente, conquanto tal enfoque ainda constitua uma concessão aos pressupostos mecanicistas da ciência do século +19. Entretanto, essa linguagem é utilizada sobretudo para estabelecer a comunicação com colegas que não superaram esta forma de visão.

O *I Ching* compreende um método de escolha aleatória de varetas de milefólio ou moedas. As varetas ou moedas são jogadas seis vezes, fazendo-se uma pergunta mentalmente e com toda concentração. Cada jogada resulta numa linha yin – –, ou yang—,construindo assim, de baixo para cima, um hexagrama, como este:

未濟

O hexagrama compõe-se de dois trigramas – neste caso o superior significa o fogo e o inferior a água, o último dos 64 hexagramas. Consultando-se o texto, lê-se o seguinte:

Julgamento

Antes da conclusão. Sucesso.
Porém, se a pequena raposa,
quase ao completar a travessia,
deixa sua cauda cair na água,
nada será favorável.

Imagem

Fogo sobre a água; a imagem das condições ANTES DA CONCLUSÃO.
Assim, o homem superior é cauteloso ao diferenciar as coisas, para que cada uma ocupe o lugar que lhe é próprio.[11]

O comentário, invariavelmente, é oracular, vago e ambivalente, mas quem o levar a sério, o utilizará como um teste de Rorschach, e projetará aí, proveniente de seu "inconsciente", o que existe nele, para ser encontrado. Sem dúvida, esta é uma maneira de se permitir pensar sem manter vigilância cerrada sobre os próprios pensamentos, sejam eles lógicos ou morais. O mesmo tipo de processo é utilizado na interpretação psicanalítica dos sonhos e em visões bastante reais, por meio da qual percebemos rostos, formas e quadros

11. Wilhelm (1), p. 249.

na pintura em madeira ou mármore, ou mesmo na forma das nuvens. Neste sentido, citarei algumas historietas sobre os pintores Ch'an (zen) do século +13.

牧溪

> Por volta do ano 1215, um sacerdote zen chamado Mü Ch'i chegou a Hangchow, onde reconstruiu um mosteiro em ruínas. Tentou, com inegável sucesso, através de espirais de tinta, captar os momentos de arrebatamento e as visões fugazes por ele obtidas em meio à exaltação provocada pelo vinho, o entorpecimento induzido pelo chá, ou a inanição. Ch'en Jung, na mesma época, destacou-se pela simplicidade de sua vida e a competência ao desempenhar suas tarefas de magistrado ...: Finalmente, foi admirado por seus hábitos de ébrio inveterado. "Ele fazia nuvens borrifando a tinta sobre seus quadros. E, para obter a névoa, respingava água. Quando dominado pelo vinho, lançava um grande brado e, agarrando seu chapéu, usava-o como pincel, lambuzando rudemente o quadro; depois, concluía a obra com um pincel adequado." Um dos primeiros pintores da seita, Wang Hsia, que viveu no começo do século nono, trabalhava quando estava bêbado, chegando ao ponto de mergulhar a cabeça num balde de tinta e lançá-la sobre um pedaço de seda, onde surgiam, como por um passe de mágica, lagos, árvores, montanhas encantadas. Porém, aparentemente nenhum destes sacerdotes levou a emancipação tão longe quanto Ying Yü-chien, secretário do famoso templo Ching-tzü ssii, o qual deliciava-se manchando e despedaçando a tela.[12]

Particularmente as observações sobre Ch'en Jung sugerem que esses sacerdotes, borrifando tinta sobre a seda, contemplavam o resultado desordenado até conseguirem projetar as formas e esboços da paisagem. Em seguida, tomavam o "pincel adequado" e, com alguns toques, exibiam a obra aos olhos de todos.

Casos desta utilização do in-, do sub- ou do superconsciente são tão numerosos entre pintores (incluindo Leonardo), físicos, matemáticos, escritores e músicos que não serão necessários outros exemplos.

12. Duthuit (1), pp. 33-34.

Estou certo de que os oráculos do *I Ching* são utilizados da mesma maneira como esses pintores usavam manchas de tinta – como formas a serem contempladas com o pensamento livre, até que seu significado oculto se revele por si só, de acordo com as tendências inconscientes de cada um.[13] Assim como na astrologia, os rituais e cálculos na consulta ao *I Ching* constituem uma espécie de rabisco que aquieta as ansiedades repressoras da consciência e, com sorte, permite que valiosos *insights* emerjam dos centros mais profundos do indivíduo.*

Portanto, o livro não é de todo supersticioso. Considere-se que, quando estamos prestes a tomar decisões, em geral coletamos o maior número de informações possível; mas freqüentemente elas são tão ambivalentes que nos vemos reduzidos a lançar uma moeda que dirá "sim" ou "não", "faça" ou "não faça". Haveria alguma vantagem em ter uma moeda com 64 lados? O hexagrama mostrado acima diria: "Não, sim, não; sim, não, sim." Além disso, observe-se como característica curiosa do *I Ching* a inexistência de hexagramas absolutamente bons ou maus em sua série cíclica.**

Tal consideração pode ser ilustrada pela história taoísta de um fazendeiro cujo cavalo fugira. Na noite

13. Alguns relatos afirmam que os hexagramas do *I Ching* originaram-se da contemplação das fissuras que surgiam quando aquecida a carapaça de uma tartaruga, o que sem dúvida reiteraria a idéia de que o método do *I Ching* baseou-se em algo semelhante a uma visão eidética.

* Hokusai (1760-1829), um dos grandes mestres Ukiyoye do Japão, fora convocado pelo imperador a pintar a corte. Inicialmente, ele mergulhou os pés de uma galinha em tinta azul e suavemente arrastou-os sobre um comprido rolo de papel de arroz. Então, mergulhou livremente os pés de outra galinha em tinta vermelha e deixou que a ave caminhasse sobre o papel. Feito isso, curvou-se profundamente diante de seu patrono real e mostrou-lhe a pintura "Folhas de outono caem sobre o Rio Yangtze".

** Para mais observações proveitosas sobre o *I Ching*, como ponto de partida dos textos básicos, ler *The Man of Many Qualities*, de R. G. H. Siu, e *The Eleventh Wing*, de Khigh Alx Dhiegh.

em que isso aconteceu os vizinhos reuniram-se a fim de oferecerem suas condolências pela sua má sorte. No dia seguinte, o cavalo retornou, trazendo consigo seis cavalos selvagens, e os vizinhos lançaram exclamações pela sorte do fazendeiro. Este falou: "Talvez." Por fim, no dia seguinte, seu filho tentou selar e montar um dos cavalos selvagens e foi lançado ao chão, quebrando a perna. Novamente os vizinhos vieram oferecer sua simpatia pelo infortúnio. Falou o fazendeiro: "Talvez". No dia subseqüente, oficiais de recrutamento chegaram à vila e convocaram homens jovens para o exército; porém, o filho do fazendeiro foi recusado, em razão da perna quebrada. Quando os vizinhos foram parabenizá-lo pelos bons resultados, o fazendeiro falou, "Talvez".[14]

A visão do mundo *yin-yang* é serenamente cíclica. Sorte e desventura, vida e morte, seja em pequena ou grande escala, vêm e vão eternamente, sem começo nem fim, e todo o sistema é protegido da monotonia porque, da mesma maneira, a recordação alterna-se com o esquecimento. Este é o lado bom do mal-e-bem. Hasegawa Saburo, artista japonês, contou-me que, quando estava em Pequim com os invasores japoneses em 1936, observou o olhar das multidões chinesas – a expressão resignada, cínica e levemente divertida que parecia dizer "Já vimos muitos como vocês inúmeras vezes antes, e vocês também passarão". E ele imitou a expressão em seu próprio rosto.

Se existe algo fundamental à cultura chinesa, é a atitude de confiança respeitosa na natureza e na natureza humana – a despeito das guerras, revoluções, execuções em massa, fome, inundações, secas e todas as formas de horror. Na filosofia chinesa, não existe

14. Conto popular, *Huai Nan Tzu* 18, p. 6a. Em Lin Yutang (1), p. 160, existe uma versão desta história como é contada por Lieh-tzu.

algo semelhante à noção do pecado original ou ao sentimento do Budismo Theravada de que a existência em si é um desastre.[15] A filosofia chinesa, seja ela taoísta ou confucionista ou, espera-se, até mesmo maoísta, estabelece como premissa básica que, se não pode confiar na natureza e nas outras pessoas, você não pode confiar em si mesmo. E se você não pode confiar em si mesmo, não pode confiar nem mesmo na sua desconfiança de si mesmo – de tal forma que, sem esta confiança subjacente a todo sistema da natureza, você está simplesmente paralisado. Assim, Lao-tzu faz com que o sábio fale, como governante:

> Não interfiro e o povo se reforma.
> Usufruo a paz e o povo torna-se honesto.
> Não uso a força e o povo torna-se rico.
> Não tenho ambições e o povo retorna à vida boa e simples.[16] [103*a*]

Naturalmente, em última análise, não é uma questão do si mesmo de um lado, e de confiar na natureza, de outro. A questão está em perceber-se e à natureza como um mesmo processo, e isto é o Tao. Na verdade, esta é uma super-simplificação, pois sabemos perfeitamente bem que é impossível confiar em algumas pessoas, e as formas imprevisíveis da natureza nem sempre são a maneira preconcebida de alguém, de forma que a confiança fundamental no sistema não elimina a existência dos riscos. Contudo, quando não se corre riscos, não há liberdade. Assim, numa sociedade industrial, a pletora de leis criadas para a nossa segurança pessoal convertem a terra numa escola ma-

15. Porém, este sentimento é mais teórico do que atual. Os povos de Burma, de Lanka e da Tailândia, onde impera o Budismo Theravada, são inexplicavelmente alegres e amigáveis.

16. *Lao-tzu* 57, tr. Gia-fu Feng (1), n. p., mod. auct.

ternal e os policiais em contratados para impedir que nos tornemos autômatos abelhudos.

O Taoísmo primitivo pressupõe o princípio *yin-yang*, mas em linhas gerais parece rejeitar outra visão concomitante, a teoria dos cinco elementos ou energias 五行 (*wu hsing*), cujo primeiro expoente ilustre foi Tsou Yen (–350 a –270), mestre do Yin-Yang Chia, proveniente do estado de Ch'i, nordeste da China. Segundo a opinião geral, era homem de profunda erudição e imaginação, consultado e honrado por governantes e um dos primeiros geógrafos sérios da China, e foi quem mostrou, entre outras coisas, que a China, longe de ser o Império do Meio, ocupava apenas uma das 81 partes da superfície da Terra. As cinco energias foram identificadas, ou melhor, simbolizadas, como 1) *madeira* que, como combustível, dá origem ao 2) *fogo*, que produz as cinzas e origina a 3) *terra*, que em suas minas contém o 4) *metal*, que (como na superfície de um metal espelhado) atrai o orvalho e assim dá origem à 5) *água*, que por sua vez nutre a 1) *madeira*. A isto 相生 se chama *hsiang sheng*, ou ordem das forças "mutuamente originadas" que, embora possa parecer-nos profundamente fantasiosa, desperta a curiosidade por descrever um ciclo em que causa e efeito não são seqüenciados, mas simultâneos. As forças são de tal forma interdependentes que nenhuma pode existir sem todas as outras, exatamente como não existe *yang* sem *yin*.

As forças também foram dispostas na forma de 相勝 "conquista mútua" (*hsiang sheng*, mas *sheng* é um ideograma diferente) no qual 1) *madeira*, na forma de arado, domina a 2) *terra*, que, através da contenção e restrição, conquista a 3) *água*, que extingue o 4) *fogo* que, por sua vez, derrete, liqüefaz o 5) *metal* que corta a 1) *madeira*. Isto faz lembrar um jogo infantil que utiliza papel, tesoura e pedra, em que dois jogadores erguem as mãos exatamente ao mesmo tempo. Erguida em forma de punho, a mão representa a pedra; os dedos em V representam a tesoura; e a palma aberta representa o papel. A pedra cega a tesoura, a tesoura corta o papel e o papel envolve a pedra; de forma que, se forem erguidos palma e punho, vence a palma, e assim por diante.

Posteriormente, foram elaborados outros ciclos, como por exemplo, a seqüência 1) sopro de vida, 2) permanência no útero, 3) nutrição, 4) nascimento, 5) banho, 6) receber o boné e o cinto, ou puberdade, 7) tornar-se oficial, 8) prosperar, 9) enfraquecer, 10) adoecer, 11) morrer e 12) ser sepultado.[17] Curiosamente, este ciclo assemelha-se à Cadeia Budista de Origem Dependente (*pratitya samutpada*) e pode ter sido influenciado por esta, conquanto nesta última os estágios sejam os seguintes, 1) Ignorância, 2) Atividade que gera o Carma, 3) Consciência, 4) Nome-e-forma, 5) Órgãos dos sentidos, 6) Contato, 7) Sentimento, 8) Desejo, 9) Apego, 10) Evolução, 11) Nascimento, 12) Velhice e morte – o que é novamente 1). *Samutpada* (embora alguns filólogos desaprovem) pode ser, *grosso modo*, desmembrado como *sam*- (juntos) *ut*- (fora) *pada* (etapa), o que é o mesmo princípio da "conquista mútua" dos chineses. A atenção consciente explora o ciclo seqüencialmente, mas existencialmente todo o relógio está presente enquanto o ponteiro se move. Este o sentido da frase de Lao-tzu (cap. 2): "Antes e depois estão em seqüência mútua." Não pode haver o "antes" se não há o "depois", e vice-versa. E seis horas não tem qualquer significado sem toda a série de horas, de uma até doze.

> (Do) Tao nasce o Um; do Um nasce o Dois; do Dois nasce o Três; e do Três nascem as dez mil coisas.[18][103*b*]

17. Needham (1), vol. 2, p. 250. E para uma discussão completa das teorias *yin-yang* e *wu hsing*, ver ibid., sec. 13*c*, pp. 232 ss. 五行

18. *Lao-tzu* 42, tr. auct.

Em outras palavras, nenhum número tem significado, exceto em relação àqueles que o precedem e o seguem. Assim, se omitíssemos o 13 da série dos números inteiros, (como é feito em alguns prédios de apartamentos), o 1000 teria de ser entendido, de maneira ridícula e inconveniente, como 999, já que este seria o real valor do número. O problema é que simplesmente não se pode omitir um número inteiro sem perturbar todo o sistema. Começamos a perceber aí uma visão orgânica e relacional do universo – não um mecanismo, artefato ou criação, de forma alguma análogo a uma hierarquia política ou militar, na qual existe um Comandante Supremo.

Nas teorias *yin-yang* e *wu hsing*, esta visão orgânica do mundo está implícita, mas torna-se explícita em Lao-tzu, e mais ainda em Chuang-tzu e Lieh-tzu, embora tal visão não seja enfatizada no pensamento de Confúcio (demasiado absorvido pela política e pelas questões sociais) até o Neo-Confucionismo de Chu Hsi (+1131 a +1200), no qual se unem todos os caminhos compatíveis do Confucionismo, do Taoísmo e do Budismo. Talvez o grande expoente desta visão orgânica tenha sido o budista Fa-tsang (+643 a +712), da Escola Mahayanista Hua-Yen, cuja imagem do universo constituía uma rede multidimensional de jóias, cada qual contendo os reflexos de todas as outras *ad infinitum*. Cada jóia era um *shih*, ou "coisa-evento", e seu princípio de *shih shih wu ai* ("entre uma coisa-evento e outra não existe obstrução") explica a interpenetração e interdependência mútuas de tudo o que ocorre no universo. Tome a haste de uma grama e todos os mundos vêm junto com ela. Em outras palavras, todo o cosmos está implícito em cada um de seus membros, e todo ponto do cosmos deve ser considerado o seu centro. Este o princípio simples e fundamental da visão orgânica, à qual retornaremos na nossa discussão sobre o significado do Tao.

事事無礙

Entrementes – antes que prossigamos – é preciso esclarecer que, para um verdadeiro taoísta, até mesmo a mais branda discussão acadêmica sobre o Tao pareceria pretensiosa e desnecessária. Naturalmente, estou despendendo esforços inúteis quanto à literatura e à filosofia chinesas, da mesma maneira como alguém, tomando conta de uma horta, tão diferente de uma grande fazenda, e tem o mesmo tipo de inclinação pela atmosfera literária do Tao – os textos, a caligrafia, as pinturas e até mesmo os dicionários chineses – que aquele que possui uma pequena carreira de pés de tomates ou feijão, uma ameixeira, uma palmeira e uma pequena plantação de milho.

Todavia, um enfoque parcial, literário e acadêmico do Tao nada fornece da sua essência, de forma que, para compreender o que se segue, o leitor deverá, a cada leitura, permitir-se um estado mental adequado. Pede-se a você – temporariamente, é claro – que deixe de lado todas as suas opiniões filosóficas, religiosas e políticas e que se torne quase uma criança que nada sabe. Isto é, nada exceto o que realmente você ouve, vê, sente e respira. Imagine que não irá a parte alguma, e que nunca houve nem haverá outro tempo além do agora. Simplesmente esteja consciente daquilo que de fato *existe*, sem dar-lhe nomes e sem julgá-lo, pois agora você está sentindo a realidade em si, e não idéias e opiniões *a respeito* dela. De nada adianta tentar suprimir a tagarelice de palavras e idéias que passam pela cabeça da maioria dos adultos; portanto, se ela não se extinguir, deixe que continue e ouça-a como se fosse o som do tráfego ou o cacarejo de galinhas.

Deixe que seus ouvidos ouçam o que quiserem ouvir; deixe que seus olhos vejam o que quiserem ver; deixe que sua mente pense o que quiser pensar; deixe que seus pulmões respirem em seu próprio ritmo. Não espere nenhum resultado especial, pois neste estado sem palavras nem idéias, onde pode existir passado ou futuro, e qualquer noção de propósito? Pare, olhe e ouça . . . permaneça assim por algum tempo, antes de prosseguir a leitura.

3. O Tao

"Do Tao não nos
podemos afastar. Aquilo de que
se pode afastar não é o Tao."[1] [56*a*]
Esta frase de *Chung Yung*, ou "Doutrina do Meio"

1. Ver nota 3 de pé de página, em seguida.

sugere a inexistência de uma analogia entre o Tao e as idéias Ocidentais de Deus e da lei divina ou natural, a qual pode ser obedecida ou não. O provérbio é complexo, pois tanto Lao-tzu como Chuang-tzu falam de ações forçadas que divergem do Tao. O paradoxo é solucionado num diálogo travado séculos mais tarde, entre os mestres Ch'an Nan-ch'üan e Chao-chou:

> Chao-chou perguntou, "O que é o Tao?"
> Respondeu o mestre [Nan-ch'üan], "O Tao é a sua consciência normal."
> "Como alguém pode rearmonizar-se com ela?"
> "Ao tentar harmonizar-se você imediatamente se afasta."
> "Mas sem intenção, como se pode conhecer o Tao?"
> "O Tao", disse o mestre, "não pertence ao conhecimento nem ao não-conhecimento. O conhecimento é a falsa compreensão; o não-conhecimento é a ignorância cega. Se você de fato compreende o Tao, além de qualquer dúvida, percebe que ele é como o céu vazio. Por que insistir sobre o que é certo ou errado?"[2] [56*b*]

Em outras palavras, as pessoas tentam forçar decisões enquanto não percebem que é impossível fazê-lo – não há como desviar-se do curso da natureza. Você pode imaginar-se fora ou separado do Tao, podendo ou não segui-lo; mas essa imaginação encontra-se dentro do curso, pois não existe outro caminho fora do Caminho. Queiramos ou não, somos o Tao e o acompanhamos. De um ponto de vista estritamente lógico, isto nada significa e não nos fornece nenhuma informação. O Tao é apenas um nome para tudo o que acontece, ou, como explica Lao-tzu, "O princípio do
自然 Tao é o que sucede dele" [*tzu-jan*].

心 2. *Wu-men Kuan* 19, tr. auct. Neste contexto, *hsin* deve ser traduzido como "consciência", em vez de "mente", "pensamento" ou "coração". Contudo, mesmo esta expressão é inadequada. "Consciência normal" é o modo como o mundo é sentido naturalmente, como por uma criança que ainda não sabe falar.

Assim, o *Tao Te Ching* se inicia com as palavras enigmáticas, em geral traduzidas como "O Tao que pode ser dito não é o Tao eterno". [103*c*] Esta tradução oculta o fato de que o ideograma traduzido como "que pode ser dito" é igualmente o Tao, porque essa palavra também significa "falar" ou "dizer", conquanto possivelmente não tivesse essa utilização no século –3. Literalmente, diz a passagem: "Tao pode ser Tao não eterno [ou regular] Tao." Inúmeras traduções, portanto, tornam-se possíveis:

"O Tao de que se pode falar não é o Tao Absoluto" (Lin Yutang).

"O Caminho que pode ser dito não é o Caminho Invariável" (Waley).

"O Tao que é objeto de discussão não é o verdadeiro Tao" (Old).

"O Caminho que pode ser considerado como Caminho é diferente de um caminho permanente" (Duyvendak).[3]

"A corrente que pode ser seguida não é a eterna corrente" (trad. do autor).

"O caminho que se pode explicar não é o eterno Caminho" (trad. do autor).

"A Força que é forçada não é a verdadeira Força" (auct.).

"O Tao que pode ser *Tao-izado* não é o Tao imutável" (Fung Yu-lan [Bodde]).

Na sua forma primitiva, o ideograma para *tao* mostra o signo do movimento (encruzilhada) circundando uma cabeça, conquanto o radical, posteriormente, tenha se tornado *cho*, movendo-se passo a passo,

3. Observe-se a interessante divergência entre Duyvendak (1) e as outras versões. Ele justifica (pp. 17-19) mostrando que nem Lao-tzu nem Chuang-tzu usam *tao* com o sentido de "fala", e sugere que a expressão *ch'ang tao* não deve ser compreendida como o verdadeiro, eterno e autêntico Tao, mas, ao contrário, como o Tao que é fixo e definível e, portanto, não o verdadeiro Tao. Seguindo essa idéia, eu traduziria da seguinte maneira: "O Tao que é verdadeiramente Tao não é um Tao fixo." Mas não acaba tudo sendo a mesma coisa? 常道

辵·行 em vez de *hsing*, caminhar ou marchar.[4] Provavelmente, devemos pensar em *cho* como "prosseguindo a intervalos" (Wieger [1], p. 789), ou seja, um "movimento rítmico", no qual o prosseguir é *yang*, e o intervalo

首 é *yin*. Assim, no ideograma para Tao, *cho* combina-se *shou*, cabeça, e Wieger (p. 326) dá ao Tao o significado fundamental de "ir em frente".[5]* Pode-se também pensá-lo como ritmo inteligente. Diversos tradutores denominaram-no Caminho, Razão, Providência, Logos e até mesmo Deus, como em Ware (1), embora ele tenha tido o cuidado de afirmar na introdução que Deus = Vida, devendo a palavra ser compreendida no seu sentido mais amplo.

Entretanto, é preciso deixar claro desde já que o Tao não pode ser compreendido como "Deus" no sentido de governante, monarca, líder, arquiteto e criador do universo. A imagem do suserano militar e político, ou de um criador externo à natureza, não encontra lugar na idéia do Tao.

汎

> O grande Tao flui [*fan*, também "irrigar" e "corrente"]
> por toda parte,
> à esquerda e à direita.
> Todas as coisas dele dependem para existir,
> e ele não as abandona.

4. Aqui os pandits estão confusos. Wieger (1) considera *hsing* como oriundo de um pictograma dos pés esquerdo e direito (p. 163), enquanto Needham (1), p. 222, considera-o como encruzilhada. De qualquer modo, denota movimento.

去 驀直去

5. Assim, quando perguntaram ao mestre Ch'an Yün-men, "O que é o Tao?", ele respondeu com uma única palavra *Ch'ü* : vá, prossiga continue caminhando, vá embora. Essa resposta tem o significado de prosseguir sem vacilação nem hesitação, como na expressão *mo chih ch'ü*.

* O caractere *fa* 法 , que significa lei, ou caminho universal no Taoísmo e no Budismo é formado pela combinação simplesmente de dois caracteres 氵 , água e 去 , ir. Portanto, o equivalente chinês para o título: *Tao, O Caminho da Água* seria traduzido telegraficamente como *Tao-Água-Ir-Fluir-Água*.

Não apregoa seus feitos.
Ama e nutre todas as coisas,
mas não é o seu senhor absoluto.[6] [103*d*]

Contudo, o Tao, sem dúvida, é a realidade e a energia primordiais do universo, o Fundamento do ser e do não-ser.

O Tao possui realidade e clareza, mas nenhuma ação ou forma. Pode ser transmitido, mas não recebido. Pode ser atingido, mas não visto. Existe por si e através de si. Existia antes do céu e da terra, na verdade, por toda a eternidade. Ele é a razão da divindade dos deuses e da criação do mundo. Está acima do zênite, mas não lhe é superior. Está abaixo do nadir, mas não lhe é inferior. Embora mais velho do que o mais idoso, não é velho.[7] [70*a*]

O imaginário associado ao Tao é maternal e não paternal.

Existe algo obscuro, mas completo
antes da existência de céu e terra;
tranqüilo e calmo,
que existe sozinho sem alteração,
movendo-se sem correr riscos.
Poderia ser a mãe de tudo.
Não sei o seu nome,
e chamo-o Tao.[8] [103*e*]

Longe de ser o agente ativo, o sujeito do verbo, o agente e criador das coisas, "O Tao nada faz (*wei*, 為 também "construir"), mas nada deixa por fazer". [102*a*] Ele tem o dom da passividade, pela qual as mulheres se tornaram célebres, e pode-se dizer que sua gravidade é a sua energia.

6. *Lao-tzu* 34, tr. auct.

7. *Chuang-tzu* 6, tr. Fung Yu-lan (3) p. 117, mod. auct. Observe-se a sofisticada distinção entre eternidade e um tempo interminável, e o contraste com a imagem do Deus-Pai como o Ancião dos Dias.

8. *Lao-tzu* 25, tr. auct.

Conhece o masculino, mas conserva o feminino,
tornando-se assim um rio universal.
Como rio universal,
德 possui-se a virtude (*te*) eterna e indivisa,
tornando-se novamente criança.[9]

A densidade é a origem da luz;
(ou, a Gravidade é a raiz da claridade);
a quietude a mestra da impetuosidade.[10] [102*b*]

Assim, o Tao é o caminho, o fluxo, a corrente ou o processo da natureza e denomino-o o Caminho da Água porque tanto Lao-tzu como Chuang-tzu usam o fluir da água como sua principal metáfora. Entretanto, está na essência da filosofia de ambos que o Tao não pode ser definido em palavras, não sendo uma idéia ou conceito. Como afirma Chuang-tzu, "Ele pode ser atingido, mas não pode ser visto" ou, em outras palavras, pode ser sentido mas não expresso, intuído mas não explicitado, adivinhado mas não explicado. De maneira semelhante, o ar e a água não podem ser cortados ou segurados, e o fluxo de ambos cessa quando são confinados. Não há como colocar um riacho num balde ou o vento numa sacola. A descrição e definição verbais podem ser comparadas à rede de meridianos latitudinais e longitudinais que visualizamos sobre a terra e os céus, a fim de definir e determinar a posição de montanhas e lagos, planetas e estrelas. Mas a terra e o céu não são cortados por essas linhas imaginárias. Como afirma Wittgenstein, "As leis, como a lei de causalidade, etc., trata da rede e não do que a rede delineia".[11] Pois o jogo da filosofia e ciência ocidentais consiste em aprisionar o universo em redes de palavras e números, de forma que sempre existe a tentação de

9. *Lao-tzu* 28, tr. auct.
10. *Lao-tzu* 26, tr. auct.
11. Wittgenstein (1), 6.35. Cf. também 6.341-2.

confundir as regras ou leis, da gramática e da matemática, com as reais ações da natureza. Contudo, não devemos esquecer que os cálculos humanos *também* são uma operação da natureza embora, assim como as árvores, não representam nem simbolizam as pedras, os nossos pensamentos – mesmo quando pretendem fazê-lo – não representam necessariamente árvores e pedras. Os pensamentos crescem no cérebro como a grama nos campos. Qualquer correspondência entre eles é abstrata, como entre dez rosas e dez pedras, a qual não leva em consideração o aroma e a cor das rosas, nem o formato e a estrutura das pedras. Embora o pensamento esteja na natureza, não devemos confundir as regras do pensamento com os padrões da natureza.

Ora, o termo chinês e taoísta que traduzimos como "natureza" é *tzu-jan*, significando o espontâneo, 自然 aquilo que, portanto, parte de si mesmo. Poderíamos denominá-lo o automático ou o automotor, não fossem estas palavras associadas a mecanismos e artefatos que não são verdadeiramente tão "parte" de si mesmos. A natureza como *tzu-jan* significa que tudo cresce e atua independentemente, por si mesmo, e este seria o significado do verso:

> Sentado tranqüilamente, sem nada fazer,
> A primavera chega e o gramado cresce sozinho.[12]

Contudo, fundamental na visão taoísta do mundo é o fato de que tudo e todos os eventos (*shih* ou *wu*) são 事物 o que são em relação a todo o resto. A terra, e a menor partícula sobre ela, inevitavelmente "cresce" com o

12. Citado em *Zenrin Kushu* (*Ch'an Ling Chü Chi*), p. 194, tr. do autor. Este é um pequeno livro de provérbios freqüentemente usado pelo ensinamento Zen (Ch'an) budista. Consiste em versos curtos que vão de uma única palavra a quase trinta, em geral com rimas fáceis, como em poesia. Este provérbio em particular é um verso de dez palavras, dividido em duas parelhas de cinco palavras.

sol, a lua e as estrelas. Precisa destes tanto quanto precisa, e é formada, de seus próprios elementos. Inversamente, o sol não seria luz sem os olhos, nem o universo "existiria" sem a consciência – e vice-versa. Este é o princípio do "crescimento mútuo" (*hsiang sheng*), explicado no segundo capítulo do *Tao Te Ching*.[13]

相生

O princípio reza que, se tudo crescer seguindo seu próprio caminho, a harmonia do universo será estabelecida, pois todo processo no mundo só pode existir em relação aos outros. A analogia política é a anarquia de Kropotkin – teoria que afirma que, se for dada permissão ao povo para agir como bem lhe aprouver, segundo sua natureza e descobrindo o que realmente o satisfaz, a ordem social emergirá por si mesma. A individualidade é inseparável da comunidade. Em outras palavras, a ordem da natureza não é uma ordem forçada; não é o resultado de leis e preceitos aos quais os seres são obrigados a obedecer pela violência externa, pois segundo a visão taoísta, na verdade mundo exterior não existe obstinadamente. Meu interior cresce ao mesmo tempo que meu exterior, e conquanto os dois possam diferir, não podem ser separados.

Assim, o "jeito próprio" de tudo é o "jeito próprio" do universo, do Tao. Com a interdependência mútua de todos os seres, eles se harmonizarão se forem deixados em paz e não forçados ao conformismo com alguma noção de ordem arbitrária, artificial e abstrata, e esta harmonia emergirá *tzu-jan*, de si mesma, sem compulsão externa. Nenhuma organização, no sentido político e comercial da palavra, é orgânica. As organizações, neste sentido, baseiam-se na obediência a regras e leis lineares, impostas do alto – isto é, a seqüências de palavras e a sinais ordenados, em série

自然

13. Ver acima, p. 50-51. Também *Chuang-tzu*, a seguir, p. 84.

e um-de-cada-vez, as quais jamais conseguem captar a complexidade da natureza, embora esta só seja "complexa" em relação à tarefa impossível de traduzi-la segundo esses sinais lineares. Fora do mundo humano, a ordem da natureza prossegue sem consulta a livros – mas a humanidade teme que o Tao que não pode ser descrito, a ordem que não pode ser colocada em livros, seja o caos.

Se Tao significa a ordem e o curso da natureza, então a pergunta que se faz é a seguinte: que *tipo* de ordem? Lao-tzu (cap. 25) de fato usa o termo *hun* – 混 obscuro, caótico, bombástico – para o estado do Tao antes do surgimento do céu e da terra, mas não creio que com isso queira significar o caos no sentido de confusão e desordem, conforme são consideradas as coisas antes organizadas e que depois são fragmentadas. A palavra tem mais o sentido de *hsüan*, do que é 玄 profundo, escuro e misterioso, anterior a qualquer distinção entre ordem e desordem – isto é, antes de qualquer classificação e designação das características do mundo.

> O inominado tem origem no céu e na terra;
> O ato de dar nomes é a mãe de dez mil coisas.
> Sempre que não há desejo (nem intenção), contempla-se o mistério;
> Sempre que há desejo, contempla-se a manifestação.
> Ambos têm o mesmo ponto de partida, mas diferem (ao ser-lhes dado um) nome.
> Sua identidade é *hsüan*
> *hsüan* além de *hsüan*, portal de todo mistério.[14] [102*c*]

O "caos" de *hsüan* é a natureza do mundo antes de quaisquer distinções estabelecidas ou nomeadas, o serpenteante borrão de Rorschach da natureza. Porém,

14. *Lao-tzu*, tr. auct.

assim que se estabelece pelo menos uma distinção, como por exemplo entre yin e yang, ou entre 0 e 1, tudo o que denominamos leis ou princípios da matemática, física e biologia resulta da necessidade, como foi recentemente demonstrado no sistema de cálculo de G. Spencer Brown (1). Contudo, essa necessidade não parece constituir uma compulsão ou força externa ao próprio sistema. Em outras palavras, a ordem do Tao não é a obediência ao que quer que seja. Como afirma Chuang-tzu, "Ele existe por si e através de si"; é *sui generis* (auto-gerador), *tzu-jan* (de si mesmo), e tem a propriedade daquele esquecido atributo de Deus, denominado asseidade – o que existe, *a* se (por si só). Mas, no caso do Tao, a forma da sua ordem não é apenas livre de qualquer necessidade externa; mas tampouco impõe sua regra sobre o universo, como se o Tao e o universo fossem entidades separadas. Em suma, a ordem do Tao não é lei.

則 A palavra chinesa *tse* aproxima-se mais do que qualquer outra do significado de lei positiva – o estabelecimento e a obediência exata a regras escritas do que pode e não pode ser feito. Assim, lemos no livro *Huai Nan Tzu:*

> O Tao da Providência atua misteriosa [*hsüan*] e secretamente; não possui forma definida; não segue regras definitivas [*wu-tse*]; é tão amplo que não se pode alcançar seu término; tão profundo que não se pode sondá-lo.[15]

無則 Todavia, embora o Tao seja *wu-tse* (não-lei), possui uma ordem ou padrão claramente reconhecível, mas não definido pela regra, porque são muitas as suas dimensões e variáveis. Este tipo de ordem é o princí-

15. *Huai Nan Tzu* 9, p. 1b, trad. Needham (1), vol. 2, p. 561.

pio de *li*, palavra com o sentido original de padrões, tais como as marcas do jade ou a fibra da madeira.[16] 理

Portanto, a palavra *li* pode ser compreendida como ordem orgânica, diferente da ordem mecânica ou legal, ambas estabelecidas pela regra. *Li* é a ordem assimétrica, não-repetitiva e não-organizada que encontramos nos padrões da água em movimento, na forma das árvores e das nuvens, dos cristais de gelo na vidraça ou dos seixos dispersos pela areia da praia. Foi através da valorização de *li* que a pintura paisagista surgiu na China, muito antes dos europeus a conhecerem, de forma que hoje pintores e fotógrafos exibem constantemente a beleza indefinível de movimentos tais como cascatas e bolhas de espuma. Até mesmo as pinturas abstratas e não-objetivas possuem as mesmas formas, encontradas na molécula dos metais ou nas marcas das conchas. No momento em que é mostrada, imediatamente a beleza é reconhecida, conquanto não possamos explicar exatamente por que ela nos atrai. Quando estetas e críticos de arte tentam explicá-la exibindo obras de arte com diagramas euclidianos sobrepostos – supostamente a fim de demonstrar a elegância de proporção ou ritmo – estão apenas fazendo-se de tolos. As bolhas não são atraentes simplesmente porque se congregam em hexágonos ou porque a pressão de sua superfície é mensurável. A geometrização sempre reduz a forma natural a algo menor, a uma supersimplificação e rigidez que encobre as curvas serpenteantes da natureza. Ao que parece, pessoas rígidas têm alguma aversão fundamental a coleios. Não conseguem dançar sem ver um diagrama dos passos, e con-

16. Ver Needham (1), vol. 2, cap. 18.7. Todo este capítulo oferece uma maravilhosa discussão sobre as diferenças entre as visões ocidental e chinesa da lei, tanto a humana como a natural. Embora a filosofia amadurecida de *li* tenha sido formulada por Chu Hsi (+1130 a +1200), a palavra aparece 35 vezes no livro de *Chuang-tzu*.

sideram obsceno o ondular dos quadris. Querem "as coisas certas", isto é, em ordem linear, o que é *tse*, mas não *li*.

E quem é capaz de endireitar o curso da água? A água é a essência da vida, daí ser uma das imagens favoritas de Lao-tzu para o Tao.

> A virtude suprema é como a água,
> pois a virtude da água reside no fato de ela nutrir
> a tudo sem esforço.
> Ela ocupa os lugares que os homens consideram
> piores [i.e., os mais inferiores].[17] [102*d*]
> Assim, a relação do Tao com o mundo é a de
> um rio que desce o vale
> em direção ao oceano.[18] [102*e*]
> O objeto mais macio do mundo vence
> o mais duro.[19] [102*g*]
> Por que as enseadas e os oceanos
> tornam-se reis de uma centena de rios?
> Porque são hábeis em permanecer nos lugares baixos –
> É assim que eles se tornam reis dos cem rios.[20] [102*f*]
> Nada no mundo é mais frágil do que a água,
> Mas não existe nada melhor
> para vencer o que é rijo.[21] [101*a*]

Da mesma maneira escreve Chuang-tzu:

> Quando a água está parada, assemelha-se a um espelho, refletindo a barba e as sobrancelhas. Ela confere a exatidão do nível da água, e o filósofo transforma-a no seu modelo. E se assim a água infere lucidez da

17. *Lao-tzu* 8, tr. auct.
18. *Lao-tzu* 32, tr. auct.
19. *Lao-tzu* 43, tr. auct.
20. *Lao-tzu* 66, tr. auct.
21. *Lao-tzu* 78, tr. auct.

quietude, imagine o quanto obterão as faculdades da mente? A mente, o repouso, do Sábio torna-se o espelho do universo, o espelho de toda a criação.[22] [59*a*]

> A fluidez da água não resulta de qualquer esforço por parte da mesma, mas é sua propriedade natural. E a virtude do homem perfeito é tal que, mesmo sem cultura, não existe nada capaz de retirá-lo de seu domínio. O Céu é naturalmente alto, a terra é naturalmente sólida, o sol e a lua são naturalmente brilhantes. Eles cultivam tais atributos?[23] [63*b*]

Chuang-tzu também conta a história de um velho que caiu numa catarata e emergiu são e salvo rio abaixo. Pediram-lhe uma explicação, e o velho disse o seguinte:

> Não ... não tenho meios [de explicar isso]. Primeiro, existia o meu estado original; depois o hábito transformado em natureza; e por fim a aquiescência ao destino. Mergulhei no vórtice e saí no torvelinho. Acomodei-me à água, e não esta a mim. Assim, de certo modo, consegui lidar com ela ... Nasci em terra seca ... e acomodei-me a ela. Esta era a minha condição original. Crescendo na água, acomodei-me a ela. Foi o que eu quis dizer com natureza. E agindo como agi, sem consciência de ter despendido qualquer esforço, foi o que quis dizer com destino.[24] [67*a*]

Os padrões da água em movimento foram mostrados por Schwenk (1), Kepes (1) e Huyghe (1) para serem memorizados em músculos, ossos, madeira e pedra, e encontraram seu caminho na arte humana desde o começo dos tempos. Ao observar-lhe o fluxo, jamais encontramos um erro estético; ela é invariavelmente graciosa em suas ondas, borrifos ou na mais simples

22. *Chuang-tzu* 13, tr. H. A. Giles (1), pp. 157-58.
23. *Chuang-tzu* 21, tr. H. A. Giles (1), p. 268.
24. *Chuang-tzu* 19, tr. H. A. Giles (1), pp. 239-40. Cf. *Lieh-tzu*, 2 e 8.

gota. Nós mesmos somos constituídos de pelo menos 80% de água, e por esse motivo os taoístas consideram-na adequada a servir-nos de modelo, conforme testemunha esta extraordinária passagem do livro 管子 *Kuan-tzu** (fins do século –4):

> A água é o sangue da terra, e flui por entre seus músculos e veias. Por isso afirma-se que a água tem aptidões completas... Ela é acumulada no Céu e na Terra, e armazenada nas várias coisas (do mundo). Surge no metal e na pedra, e está concentrada nas criaturas vivas. Por conseguinte, afirma-se que a água é alguma coisa espiritual. Acumulada em plantas e árvores, o caule destas cresce ordenadamente a partir dela, as flores alcançam o número adequado e os frutos o tamanho apropriado. O corpo de pássaros e feras, com a água crescem e tornam-se corpulentos; suas penas e pêlos tornam-se luxuriantes, suas listras e sinais tornam-se aparentes. O motivo que leva as criaturas a realizar seus potenciais e crescer segundo a norma está na regulação interna da quantidade de água . . .
>
> O homem é água, e quando os elementos produtores do masculino e do feminino se unem, o líquido toma forma . . . Assim a água acumula-se no jade, e surgem as nove virtudes. Congela-se para formar o homem, e suas nove aberturas e cinco vísceras aparecem. Esta é sua essência refinada . . . Então, o que possui aptidões completas? A água. Nada existe que não seja produzido pela água. Somente aquele que sabe como confiar nos seus princípios pode agir corretamente . . .
>
> Por isso a solução para o Sábio disposto a transformar o mundo está na água. Portanto, quando a água não está contaminada, o coração dos homens é honrado. Quando a água é pura, o coração humano está descansado. Sendo os corações do povo honrados, sua conduta não é má. Eis por que o Sábio,

* *Kuan-tzu*, uma coletânea de obras de Kuan Chung, estadista do período anterior a Confúcio (d. –645), foi reunido pelos estudiosos da Academia Chi-Hsia (–300), com interpretação posterior de Han. Algumas das afirmações mais contundentes do Tao são encontradas nesta fonte variada. Freqüentemente, Alan Watts falava em fazer um livro sobre o *Kuan-tzu* e *Huai Nan Tzu*, outra fonte compilada por estudiosos da corte de Liu An (d. –122). Ver coletânea de ambos em Needham (1) e em Fung Yu-lan (1); também em *Kuan Tzu*, obra em dois volumes, por W. Allyn Rickett, da Universidade da Pensilvânia, e em *Tao, The Great Luminant*, de Evan Morgan.

quando governa o mundo, não ensina aos homens um por um, ou casa por casa, mas usa a água como a sua chave.[25]

Em suma, o Tao é o curso da natureza e do universo; *li* é o seu princípio de ordem que, segundo Needham, pode ser mais bem traduzido por "padrão orgânico"; e a água é a sua metáfora eloqüente. Contudo, não podemos explicar *li* expondo-o, como num diagrama geométrico, ou definindo-o na ordem linear das palavras, embora, paradoxalmente, eu esteja tentando fazer isso. Este é outro motivo por que o Tao e seu padrão nos escapam: eles são nós e nós somos

> Como uma espada que corta mas não consegue
> cortar-se a si mesma;
> Como um olho que vê mas não consegue
> ver-se a si mesmo.[26]

Observando o núcleo, mudamos o seu comportamento, e observando as galáxias, elas fogem de nós – e, na tentativa de compreender o cérebro, defrontamo-nos com o obstáculo, qual seja o de não possuirmos instrumento melhor do que o próprio cérebro para tal fim. O maior obstáculo para o conhecimento objetivo está em nossa própria presença subjetiva. Assim, só nos resta confiar e seguir com o Tao, como fonte e base de nosso próprio ser, o qual "pode ser alcançado, mas não visto".

Existe alguma maneira clara de estabelecer a distinção entre padrão orgânico e padrões mecânicos e lineares, entre natureza e artifício, entre crescer e fazer? Obviamente, nenhum animal ou planta é *feito*, da mesma forma que uma mesa é feita de madeira. Uma cria-

25. *Kuan-tzu* 39, tr. Fung Yu-lan (Bodde) (1), vol. 1, pp. 166-67.

26. *Zenrin Kushu* 14, p. 267, tr. auct.

tura viva não é um ajuntamento de partes, pregadas, aparafusadas ou coladas. Seus membros e órgãos não provêm de fontes distantes, reunidos em um centro. Uma árvore não é feita de madeira; ela é madeira. Uma montanha não é feita de pedra; ela é a pedra. A semente cresce e transforma-se em planta por uma expansão a partir do seu interior, e suas partes ou órgãos classificáveis se desenvolvem enquanto a planta se expande. Sem dúvida, a semente em crescimento nutre-se de seu meio ambiente, mas o processo não constitui uma simples reunião de elementos nutritivos, pois ela os absorve e transforma, e não existe nada semelhante na manufatura de um motor elétrico ou de um computador. Embora falemos em mecanismos dos organismos, tudo não passa de analogia. Ao estudar organismos decompondo-os em partes, simplesmente utilizamos uma imagem mecânica de sua estrutura. Essa análise representa o método linear, parte por parte, de atenção consciente, enquanto que, nos organismos vivos, as assim chamadas "partes" são separadas simultaneamente em lâminas por todo o corpo. A natureza não possui "partes", exceto aquelas que são diferenciadas pelos sistemas humanos de classificação, e só através de uma cirurgia sofisticada uma parte do corpo pode ser substituída. O corpo não é uma construção cirúrgica, reunido por meio de escalpelos, ferramentas e suturas. Precisamos estabelecer a distinção entre um organismo que é diferenciado e uma máquina que é partitiva. As máquinas geradoras de outras máquinas sempre o farão por ajuntamento e pelo método linear, embora estejamos chegando ao ponto de combinar tais máquinas na forma de computadores com elementos orgânicos. Na verdade, o computador sempre foi combinado a um elemento orgânico – o próprio homem, pois este é o patrão e o criador do computador.

Entretanto, o Tao não é considerado o patrão e o criador do nosso universo orgânico. Pode reinar, mas não governa. É o padrão, mas não a lei imposta. Assim lemos no livro *Han Fei Tzu* (começo do século –3): 韓非子

> Por meio do Tao, todas as coisas existem, todos os princípios concordam. Princípios (*li*) são as marcas (*wen*) de coisas acabadas. 理 紋 Portanto, diz-se que o Tao fornece os princípios. Quando as coisas possuem seus princípios, uma (coisa) não pode ser a outra . . . Cada coisa tem seu próprio princípio diferente, enquanto que o Tao leva os princípios de todas as coisas a acordarem entre si. Assim, ele pode ser uma coisa e outra, mas não se encontra numa única coisa.[27]

Novamente, este princípio assemelha-se à anarquia de *Kropotkin*. Se cada coisa seguir seu próprio *li*, ela se harmonizará com todas as demais, as quais seguem seu próprio *li*, não devido a uma regra imposta do alto, mas através de sua ressonância (*ying*) e interdependência mútuas. 應

Portanto, os taoístas estão afirmando que, visto como um todo, o universo é uma harmonia ou simbiose de padrões que não podem existir sozinhos. Contudo, analisando-se parte por parte, encontramos o conflito. O mundo biológico é uma sociedade que se devora mutuamente, na qual cada espécie é presa da outra. Mas se existissem espécies que não fossem presa de outra, isso aumentaria e multiplicaria o próprio estrangulamento, pois os seres humanos, com sua habilidade em derrotar as demais espécies (tais como a bactéria), correm o perigo de despedaçar toda a ordem biológica com a superpopulação, destruindo-se, desta forma, a si mesmos. Por este motivo, todo aquele que se dispõe a governar o mundo coloca tudo, especialmente a si mesmo, em perigo.

27. *Han Fei Tzu* 20, tr. Fung Yu-lan (Bodde) (1) vol. 1, p. 177.

Quem pretende conquistar o mundo e governá-lo,
já vejo que não conseguirá;
神 pois o mundo é um vaso espiritual (*shen*)
que não pode ser forçado.
Quem o forçar, o destruirá.
Quem o controlar, o perderá.[28] [101*b*]

À luz desta passagem de Lao-tzu, devemos analisar o trecho crítico de Chuang-tzu, no qual é discutido o governo ou o regulamento do mundo e de seus organismos. Depois de estabelecer uma analogia entre os diferentes sons que o vento faz ao passar por buracos e frestas e os estados de espírito, emoções e pensamentos cambiantes do coração humano, Chuang-tzu prossegue:

> Se não existe ninguém, eu não existo. Se eu não existo, não existirá ninguém para estabelecer distinções. O que parece ser verdade. Mas o que causa tais variações? Poderia haver um Senhor real, mas não existem indicações da Sua existência. Pode-se acreditar em Sua existência, mas não se vê a Sua forma. Talvez Ele seja real, mas não tem forma. As cem partes do corpo humano, com suas nove aberturas e seis vísceras, estão todas completas em seus lugares. Qual prefiro? Você gosta de todas igualmente? Ou prefere alguma de preferência às outras? São todos servos? Estes servos são incapazes de controlar-se a si mesmos e precisam de um outro que atue como governante? Tornam-se eles, por sua vez, governantes e servos? Existe outro verdadeiro governante, exceto eles mesmos?[29] [73*a*]

28. *Lao-tzu* 29, tr. auct. *Shen* é um problema para o tradutor, pois os significados em geral escolhidos – espírito, deus, divino, sobrenatural, etc. – não são satisfatórios. Optei pelo significado de inteligência inata (ou *li*) de cada organismo em particular e da natureza como um todo, os quais estão além de cálculos.

29. *Chuang-tzu* 2, tr. Fung Yu-lan (3), pp. 46-47. Mas vejam como outros tradutores construíram a última frase: "Parece existir algum verdadeiro Senhor entre eles." (Watson [1]). "Sem dúvida existe alguma alma que domina a todos" (H. A. Giles [1]). "Prometo a vocês que existe um verdadeiro soberano aqui" (Ware [1]). "Deve existir um

Assim como qualquer ponto na superfície de uma esfera pode ser visto como o centro da superfície, todo órgão do corpo e todo ser do cosmos pode ser visto como o seu centro e governante.

O que lembra o princípio budista hindu do karma – qual seja, tudo o que lhe acontece é resultado de seus próprios atos. Assim, em inúmeros estados da experiência mística ou da consciência cósmica, a diferença entre o que você faz e o que lhe acontece, o voluntário e o involuntário, parece desaparecer. Essa sensação pode ser interpretada como o sentimento de que tudo é voluntário – todo o universo é resultado de seus próprios atos e vontade. O que facilmente pode mudar para a sensação de que tudo é involuntário. O indivíduo e a vontade nada são, e tudo aquilo a que se pode chamar "Eu" está fora de controle, assim como a rotação da Terra em sua órbita. Entretanto, segundo o ponto de vista taoísta, essas duas visões não encontram correspondência. São modos polares de se enxergar a mesma realidade; não existe um soberano e nada é governado. Tudo acontece por si só (*tzu-jan*), sem puxão nem empurrão, já que cada empurrão é também um puxão, e cada puxão é um empurrão, como acontece ao manejar-se a roda do leme. Por conseguinte, esta é uma visão transacional do mundo, pois assim como não existe compra sem venda, e vice-versa, tampouco existe meio ambiente sem organismos, e vice-versa. Novamente, eis aí o princípio do "crescimento mútuo" (*hsiang sheng*). À medida que o universo produz a nossa consciência, esta evoca o universo; e tal idéia transcende e encerra o debate entre materialistas e idealistas (ou mentalistas), entre deterministas e defen-

verdadeiro Soberano entre eles" (Legge [1]). Eu traduziria da seguinte maneira: "Seu verdadeiro governante encontra-se aí" – referindo-me à frase anterior, "Tornam-se eles, por sua vez, governantes e servos?"

sores do livre-arbítrio, que representam o *yin* e o *yang* da opinião filosófica.

Muitos objetariam que semelhante visão do universo anula a lei básica de causa e efeito, assim como consideramos que a ausência de chuva causa a seca, que a seca traz a fome, que a fome provoca a morte. Mas a ausência de chuva, a seca, a fome e a morte são apenas quatro modos de considerar e descrever o mesmo evento. Admitindo-se a existência de organismos vivos e a ausência de chuva, teremos como resultado a morte. A noção de causalidade é simplesmente uma forma pouco convincente de ligar os diversos estágios de determinado evento, que distinguimos e separamos para melhor descrevê-lo; assim, ludibriados pelas nossas próprias palavras, passamos a considerar esses estágios como eventos diferentes, os quais podem ser novamente unidos pela cola da causalidade. Na verdade, o único evento é o próprio universo. *Li*, e não a causalidade, é o fundamento do mundo.[30]

Se tentamos classificar as idéias do Taoísmo em categorias do pensamento ocidental, aparentemente obtemos um panteísmo naturalista no qual o Tao – sem ser um Deus pessoal – deve, por conseguinte, constituir uma energia inconsciente, apesar de formativa, como um campo magnético. Entendo o panteísmo formal como a idéia de que o universo, considerado uma massa de objetos e eventos distintos, é simplesmente Deus com outro nome, de modo que chamá-lo de Deus nada lhe acrescenta, exceto talvez uma certa atitude de reverência e respeito. Contudo, não obstante os taoístas falarem do universo (na forma usual chinesa) como

30. Pouco antes de sua morte em 1972, Lancelot Law White, morfologista e filósofo da ciência, contou-me que estava trabalhando na idéia de que a medida angular de padrões constituía maneira bem mais eficaz de descrever o mundo, em comparação com a medida de ação e reação de pressões e forças. Sua obra, concernente a este tema, está na Bibliografia.

萬物 *wan wu*, as "dez mil coisas", isto não implica ser ele uma simples soma de objetos separados. As coisas (*wu*) não são tanto entidades, mas diferenciações ou formas (cf. o *rupa* sânscrito) no campo unificado do Tao. O que se depreende necessariamente do princípio do crescimento mútuo.

中庸

道也者不可須臾離也可離非道也

[a: 37]

無門關第十九

南泉因趙州問如何是道泉云平常心是道州云還可趣向否泉云擬向即乖州云不擬爭知是道泉云道不屬知不屬不知知是妄覺不知是無記若真達不疑之道猶如太虛廓然洞豁豈可強是非也州於言下頓悟

[b: 38]

莊子駢拇

且夫待鉤繩規矩而正者是削其性待繩約膠漆而固者是侵其德也屈折禮樂呴俞仁義以慰天下之心者此失其常然也天下有常然常然者曲者不以鉤直者不以繩圓者不以規方者不以矩附離不以膠漆約束不以纆索

[a: 110]

莊子刻意

吹呴呼吸吐故納新熊經鳥申為壽而已矣此道引之士養形之人彭祖壽考者之所好也

[b: 114]

莊子秋水

蓋師是而無非師治而無亂乎是
未明天地之理萬物之情者也是
猶師天而無地師陰而無陽其不
可行明矣然且語而不舍非愚則
誣也

[a: 26]

知道者必達於理達於理者必明
於權明於權者不以物害己至德
者火弗能熱水弗能溺寒暑弗能
害禽獸弗能賊非謂其薄之也言
察乎安危寧於禍福謹於去就莫
之能害也

[b: 116]

莊子天道

水靜則明燭鬚眉平中準大匠取
法焉水靜猶明而況精神

[a: 47]

斲輪徐則甘而不固疾則苦而不
入不徐不疾得之於手而應於心
口不能言有數存焉於其間臣不
能以喻臣之子臣之子亦不能受
之於臣是以行年七十而老斲輪

[b: 112]

莊子山木

材與不材之間似之而非也故未
免乎累若夫乘道德而浮游則不
然无譽无訾一龍一蛇與時俱化
而无肯專為一上一下以和為量
浮游乎萬物之祖物物而不物於
物則胡可得而累耶

[a: 97]

汝戒之哉形莫若緣情莫若率緣
則不離率則不勞不離不勞

[b: 98]

莊子養生

適來夫子時也適去夫子順也安時而處順哀樂不能入也古者謂是帝之縣解指窮於為薪火傳也不知其盡也

[a: 114]

莊子人間世

一若志無聽之以耳而聽之以心無聽之以心而聽之以氣聽止於耳心止於符氣也者虛而待物者也唯道集虛虛者心齋也

[b: 117]

莊子天地
德人者居无思行无慮不藏是非
美惡四海之內共利之之謂悅共
給之之謂安怊乎若嬰兒之失其
母也儻乎若行而失其道也財用
有餘而不知其所自來飲食取足
而不知其所從
至治之世不尚賢不使能上如標
枝民如野鹿端正而不知以為義
相愛而不知以為仁實而不知以
為忠當而不知以為信蠢動而相
使不以為賜是故行而无迹事而
无傳

[a: 80]

莊子在宥

聞在宥天下不聞治天下也在之
也者恐天下之淫其性也宥之也
者恐天下之遷其德也天下不淫
其性不遷其德有治天下者哉

[a: 81]

莊子田子方

夫水之於汋也无為而才自然矣
至人之於德也不修而物不能離
焉若天之自高地之自厚日月之
自明夫何修焉

[b: 47]

莊子馬蹄

齕草飲水翹足而陸此馬之真性
也燒之剔之刻之雒之連之以羈
馽編之以皁棧前有橛飾之患而
後有鞭筴之威此亦治天下者之
過也

[a: 115]

莊子庚桑楚

終日視而目不瞚偏不在外也行
不知所之居不知所為與物委蛇
而同其波是衛生之經已

[b: 55]

梓慶削木為鐻鐻成見者驚猶鬼
神魯侯見而問焉曰子何術以為
焉對曰臣工人何術之有雖然有
一焉臣將為鐻未嘗敢以耗氣也
必齋以靜心齋三日而不敢懷慶
賞爵祿齋五日不敢懷非譽巧拙
齋七日輒然忘吾有四肢形體也
當是時也无公朝其巧專而外骨
消然後入山林觀天性形軀至矣
然後成見鐻然後加手焉不然則
已則以天合天器之所以疑神者
其是與

[a: 110]

工倕旋而蓋規矩指與物化而不
以心稽故其靈臺一而不桎 [a: 110]

顏淵問仲尼曰吾嘗濟乎觴深之
淵津人操舟若神吾問焉曰操舟
可學邪曰可善游者數能若乃夫
沒人則未嘗見舟而便操之吾
問焉而不吾告敢問何謂邪仲尼
曰善游者數能忘水也若乃夫沒
人未嘗見舟而便操之也彼視淵
若陵視舟之覆猶其車卻也覆卻
萬方陳乎前而不得入其舍惡往
而不暇 [b: 111]

莊子達生

曰吾无道吾始乎故長乎性成乎命與齊俱入與汨偕出從水之道而不為私焉此吾所以蹈之也吾生於陵而安於陵故也長於水而安於水性也不知吾所以然而然命也

[a: 48]

夫醉者之墜車雖疾不死骨節與人同而犯害與人異其神全也乘亦不知也墜亦不知也是故遻物而不慴彼得全於酒而猶若是而況得全於天乎

[b: 97]

古之真人不知說生不知惡死其
出不訢其入不距翛然而往翛然
而來而已矣不忘其所始不求其
所終受而喜之忘而復之是之謂
不以心捐道不以人助天是之謂
真人

[a: 87]

特犯人之形而猶喜之若人之形
者萬化而未始有極也其為樂可
勝計邪故聖人將遊於物之所不
得遯而皆存善妖善老善始善終
人猶效之又況萬物之所係而一
化之所待乎

[b: 87]

能外天下已外天下矣吾又守之七日而後能外物已外物矣吾又守之九日而後能外生已外生矣而後能朝徹朝徹而後能見獨見獨而後能無古今無古今而後能入於不死不生殺生者不死生生者不生其為物無不將也無不迎也無不毀也無不成也其名為攖寧攖寧也者攖而後成者也

[a: 91]

若然者其心志其容寂其顙頯淒然似秋煖然似春喜怒通四時與物有宜而莫知其極

[b: 90]

莊子大宗師

夫道有情有信無為無形可傳而不可受可得而不可見自本自根未有天地自古以固存神鬼神帝生天生地在太極之先而不為高在六極之下而不為深先天地生而不為長久於上古而不為老

[a: 40]

夫卜梁倚有聖人之才而無聖人之道我有聖人之道而無聖人之才吾欲以教之庶幾其果為聖人乎不然以聖人之道告聖人之才亦易矣吾猶守而告之參日而後

(continuação da pág. 101)

予惡乎知說生之非惑邪予惡乎
知惡死之非弱喪而不知歸者邪
予惡乎知夫死者不悔其始之蘄
生乎夢飲酒者旦而哭泣夢哭泣
者旦而田獵方其夢也不知其夢
也夢之中又占其夢焉覺而後知
其夢也且有大覺而後知此其大
夢也而愚者自以為覺竊竊然知
之君乎牧乎固哉丘也與女皆夢
也予謂女夢亦夢也

[a: 93]

古之人其知有所至矣惡乎至有
以為未始有物者至矣盡矣不可
以加矣其次以為有物矣而未始有
封也其次以為有封焉而未始有
是非也是非之彰也道之所以虧
也

[*a*: 54]

昔者莊周夢為胡蝶栩栩然胡蝶
也自喻適志與不知周也俄然覺
則蘧蘧然周也不知周之夢為胡
蝶與胡蝶之夢為周與

[*b*: 93]

莊子齊物論

非彼無我非我無所取是亦近矣
而不知其所為使若有真宰而特
不得其眹可形已信而不見其形
有情而無形百骸九竅六藏賅而
存焉吾誰與為親汝皆說之乎其
有私焉如是皆有為臣妾乎其臣
妾不足以相治也其遞相為君臣乎
其有真君存焉

[a: 52]

天地與我並生而萬物與我為一

[b: 55]

> O conhecimento de nossos ancestrais era perfeito. Como? Em primeiro lugar, eles não sabiam da existência de coisas. Eis o conhecimento mais perfeito; nada pode ser acrescentado. Em seguida, conheceram a existência de coisas, mas ainda não estabeleciam distinções entre elas. Por fim, estabeleceram distinções entre elas, mas ainda não faziam julgamentos. Quando passaram a julgar, o Tao foi destruído.[31] [72*a*]

> E novamente:

> O universo tomou forma junto conosco; conosco, todas as coisas são um.[32] [73*b*]

Ademais, conceber o Tao como energia inconsciente é tão despropositado quanto imaginá-lo como um governante ou Deus pessoal. Mas se o Tao, como de fato ocorre, é simplesmente inconcebível, por que usar palavras e dizer algo a seu respeito? Simplesmente porque sabemos intuitivamente que existe uma dimensão nossa e da natureza que nos ilude, por estar demasiado próxima, por ser demasiado geral e demasiado abrangente para ser escolhida como objeto específico. Esta é a dimensão básica de todas as formas e experiências supreendentes da qual temos conhecimento. Como temos conhecimento, ele não pode ser inconsciente, embora não tenhamos consciência *dele* – enquanto coisa externa. Assim, podemos dar-lhe um nome, mas não podemos oferecer qualquer declaração definitiva a seu respeito – como percebemos ocorrer com o que quer que seja que recebe o nome de "eletricidade". Nossa única maneira de apreendê-lo consiste em observar os processos e padrões da natureza e da disciplina da meditação e permitir que nossas mentes se aquietem, obtendo desta forma a percepção viva daquilo "que é", sem comentário verbal.

31. *Chuang-tzu* 2, tr. Fung Yu-lan (3), p. 53.
32. Ibid., p. 56.

O bebê contempla objetos ao longo do dia, sem franzir os olhos ou encarar fixamente; porque seus olhos não focalizam nenhum objeto em particular. Ele não sabe aonde vai, e pára sem saber o que está fazendo. Funde-se ao seu meio ambiente e acompanha-o. Estes são os princípios da higiene mental.[33] [64*b*]

33. *Chuang-tzu* 23, tr. Lin Yutang (3), p. 86, mod. auct.

4. Wu-wei

"O Tao nada faz: entretanto, nada deixa por fazer."[1] [101*c*]
Estas famosas palavras de Lao-tzu não podem, naturalmente, ser consideradas

1. *Lao-tzu* 37, tr. auct.

no seu sentido literal, pois o princípio de "não-ação" 無爲 (*wu-wei*) não deve ser considerado como inércia, preguiça, *laissez-faire* ou simples passividade. Dentre os 爲 inúmeros significados de *wei* incluem-se ser, fazer, praticar, criar, representar; e na forma 僞, significa falso, simulado, fingido. Contudo, no contexto dos escritos taoístas, sem sombra de dúvida significa coerção, interferência e ardil – em outras palavras, tentar 理 agir contra a natureza de *li*. Assim, *wu-wei* no sentido de "sem coação" é o que queremos dizer com "seguir a natureza", fluir com a energia, nadar a favor da corrente, enfunar as velas a favor do vento, seguir a maré e condescender a fim de conquistar. Talvez o melhor exemplo sejam as artes japonesas do *judô* e do *aikidô*, onde o adversário é derrotado pela força de seu próprio ataque, e o aikidô possui essa habilidade: já vi um atacante ser lançado ao chão sem nem mesmo ser tocado.

Esse princípio é ilustrado pela parábola do pinheiro e do salgueiro sob a neve densa. O galho do pinheiro, por ser rígido, parte-se; mas o galho do salgueiro rende-se ao peso e a neve cai. Contudo, observe-se que o salgueiro não é fraco, mas flexível. *Wu-wei*, por conseguinte, é o estilo de vida daquele que segue o Tao, e deve ser compreendido fundamentalmente como uma forma de inteligência – isto é, conhecer bem os princípios, estruturas e tendências das questões humanas e naturais que se utiliza o mínimo de energia para lidar com elas. Mas esta inteligência, como já vimos, não é apenas intelectual; é também a inteligência "inconsciente" de todo organismo e, em particular, a sabedoria inata do sistema nervoso. *Wu-wei* é uma combinação dessa sabedoria e a escolha da linha de menor resistência em todos os atos. Não consiste apenas em evitar o esforço. No judô, por exemplo, os músculos são utilizados – mas somente no momento certo, quando o adversário está desequilibrado ou demasiado alongado. Contudo, mesmo este esforço possui uma qualidade peculiar de não-força, a qual é denominada *ch'i*, equivalente aproximado do *prana* 氣 sânscrito – energia associada à respiração.

Tal idéia pode ser ilustrada com o exercício de aikidô do braço inflexível. O braço direito é estendido para a frente e o adversário é convidado a dobrá-lo. Se o braço estiver estendido rigidamente, um adversário forte com certeza conseguirá dobrá-lo. Se, por outro lado, ele for estendido folgadamente, com os olhos fixos em algum ponto distante e sentindo-o como uma mangueira de borracha pela qual a água flui em direção a esse ponto, será extremamente difícil dobrá-lo. Sem tensão, supõe-se simplesmente que o braço permanecerá esticado, aconteça o que acontecer, devido ao fluxo do *ch'i*. Durante este teste, respire lentamente, abdominalmente, e pense na respiração circulando através do braço. Talvez esta seja a forma que denominamos, erradamente, de auto-hipnose, a qual nada tem a ver com o sono. Descobri que procedimento semelhante pode ser usado para retirar a tampa de uma garrafa emperrada; conheci um velho mestre zen, fisicamente frágil, o qual, parece que apenas apoiando-se contra algumas pedras pesadas, que derrotaram homens fortes e jovens, conseguiu movê-las.

Assim como a água segue a gravidade e, se encurralada, acaba por descobrir novo escoadouro, também o *wu-wei* é o princípio de que gravidade é energia, e o taoísta encontra na gravidade uma corrente constante que pode ser usada da mesma maneira que o vento ou a correnteza. Cair com a gravidade constitui a enorme energia da terra girando em sua órbita à volta do sol.

A expressão *wu-wei* foi usada uma vez, e apenas uma vez, por Confúcio. "Disse o Mestre: 'Não foi 'O Imperador' Shun quem nada fez [*wu-wei*] e entretanto governou bem? O que fez ele? Simplesmente disciplinou sua pessoa e assumiu a posição adequada a um governante'"[2] Tal princípio, no seu sentido político, foi discutido pela primeira vez detalhadamente por Shen Pu-hai (–337) num trabalho perdido, denominado *Shen-tzu*, do qual restaram apenas citações feitas por outros autores; talvez seja anterior aos livros de Lao-tzu e de Chuang-tzu.[3] Ele o explicou simplesmente como delegação da autoridade e deveres administrativos, não-envolvimento do imperador nas minúcias intrincadas do governo. Em Lao-tzu e Chuang-tzu encontra-se este significado e muito mais, pois sobretudo Lao-tzu pode ser interpretado em inúmeros e diferentes níveis. O *Tao Te Ching* pode ser considerado um manual de conselhos para governar, um livro de filosofia natural ou um compêndio de sabedoria metafísica e mística. Conforme salienta Creel, esses primeiros taoístas escreveram numa época extremamente turbulenta, o Período dos Estados em Guerra (–403 a –221) quando o *laissez-faire* na política teria significado suicídio; contudo, de forma alguma eram estúpidos.

Assim, devemos analisar primeiro o aspecto político do *wu-wei*. Após a leitura de Lao-tzu e de Chuang-tzu como comentaristas de seu próprio tempo, percebe-se que eles salientam a profunda loucura da ambição pelo poder político, um fardo para aqueles que o detêm. Como podemos constatar claramente hoje, nenhuma pessoa de bom senso *gostaria* de ser o governante supremo de qualquer grande nação; não se pode imaginar um estilo de vida mais confuso, frustrante, ansioso e exigente – onde jamais se está distante de um telefone, constantemente acompanhado por guardas, sendo necessário tomar decisões súbitas (com base em informações secretas e insuficientes) hora

2. *Lun-yü* 15.4, tr. Creel (1), p. 58.
3. A esse respeito ver Creel (1), pp. 61 ss.

após hora. Sob tamanha pressão, ninguém pode ser uma criatura humana com tempo para "parar e contemplar", para passear pelo bosque com um ou dois amigos politicamente insignificantes, ou para sentar-se sozinho numa praia e observar o mar. Muito poder significa preocupação; o poder total é a própria monotonia, de tal forma que até Deus renuncia a ele e, ao contrário, finge ser uma pessoa, um peixe, insetos e plantas: o mito do rei vagando disfarçado entre seus súditos.

Assim, Lao-tzu (cap. 60) aconselha o soberano a governar um estado da mesma forma como cozinha um peixinho – isto é, não o vire muito na frigideira, caso contrário ele se desintegra – e considerar o estado ideal como tendo a dimensão de um povoado.

> Suponha ser este um estado pequeno com
> escassa população.
> Embora existam diversos inventos mecânicos,
> eles não serão usados.
> O povo saberá da própria imortalidade e não
> viverá demais.
> Embora tenham barcos e carruagens, não viajarão neles;
> Embora tenham armas, não as exibirão.
> Restabelecerão o uso de cordas com nós
> (para manter os registros).
> Sentir-se-ão saciados com seu alimento,
> deliciados em suas roupas,
> confortáveis em suas casas
> e satisfeitos com seus costumes.
> Embora os estados vizinhos estejam à vista,
> E o canto de seus galos e o latido de seus cães
> sejam audíveis,
> o povo não partirá ao longo de toda a sua vida.[4] [101*d*]

Deve-se ter em mente que tanto Lao-tzu como Chuang-tzu adoram exagerar as situações – este último por vezes escolhe exemplos absurdos, a fim de ilustrar

4. *Lao-tzu* 80, tr. Ch'u Ta-kao (1), p. 95, mod. auct. Cf. *Chuang-tzu* 10.

uma idéia. Assim, neste exemplo, Lao-tzu não deve ser levado inteiramente a sério: mas consegue mostrar com sucesso que o povo estaria muito melhor se refreasse sua ambição, reduzisse o ritmo da vida e não desprezasse o trabalho com as próprias mãos.

A nostalgia pelos "homens de verdade de antigamente" permeia toda a obra taoísta. Recordemos Rousseau e a idealização do Nobre Selvagem no Século +18 – nostalgia durante muito tempo lastimada pela antropologia em moda. Mas atualmente questiona-se. Vale a pena uma vida longa se é vivida com o temor diário à morte, ou com a constante busca de satisfação no amanhã que nunca chega? O progresso tecnológico é uma doença sintomática da incapacidade de se estar centrado no presente e vivendo o presente? Assim afirma Chuang-tzu:

> O homem de virtude perfeita, em repouso não tem pensamentos, em ação não tem ansiedade. Não reconhece o certo e o errado, nem o bem e o mal. Nos Quatro Mares, quando tudo se beneficia – este é o seu repouso. Os homens agarram-se a ele como crianças que perderam suas mães; reúnem-se à sua volta como viandantes que perderam a estrada. Ele possui riquezas, mas não sabe de onde provêm. Tem alimento e bebida mais que suficientes, mas não sabe quem os fornece . . .
>
> Na idade da perfeita virtude, os homens bons não são apreciados; a habilidade não é evidente. Os governantes não passam de faróis, enquanto o povo é livre como um cervo silvestre. São honrados sem ter consciência do dever para com seus vizinhos. Amam-se sem ter consciência da caridade. São verdadeiros sem ter consciência da lealdade. São honestos sem ter consciência da boa fé. Agem livremente em tudo, sem reconhecer compromissos com quem quer que seja. Assim, seus feitos não deixam traços; seus negócios não são legados à posteridade.[5] [62*a*]

5. *Chuang-tzu* 12, tr. H. A. Giles (1), pp. 151-53, mod. auct. Em lugar de "Agem livremente . . . com quem quer que seja", Watson (1) prefere, "Andam às voltas como insetos, realizando serviços uns para os outros, mas não sabem que estão sendo bondosos."

De pronto, recorda-se a passagem de Thoreau:

> Vi o sol poente iluminar o lado oposto de um majestoso bosque de pinheiros. Seus raios dourados espalharam-se por entre as veredas do bosque, como num salão nobre. Impressionei-me como se alguma família antiga e admirável houvesse se estabelecido ali . . . desconhecida para mim – de quem o sol era um servo – que não participava da sociedade do vilarejo – que não havia sido convocada. Vi o parque, os jardins da família, além do bosque . . . Os pinheiros forneciam-lhes oitões, à medida que cresciam. Sua casa não era facilmente avistada; as árvores cresciam através dela. Não sei se ouvi sons de alegria contida ou não. Eles pareciam repousar sobre raios de sol. Tinham filhas e filhos. Estavam muito bem. O caminho para a carroça do fazendeiro, que levava diretamente ao salão, não os aborrecia nem um pouco, e o fundo enlameado de um lago às vezes era visto por entre o reflexo do céu. Eles . . . não sabem que ele é seu vizinho, – ainda assim, ouvi-o assobiar enquanto conduzia sua parelha através da casa. Nada existe comparável à serenidade de suas vidas. O brasão da família é um simples líquen. Vi-o pintado nos pinheiros e carvalhos. O sótão ficava no topo das árvores. Não são da política. Não se ouvia ruído de trabalho. Não os observei tecendo ou fiando. Contudo, quando o vento amainou e pude ouvir melhor, detectei o zumbido musical mais doce e agradável que se pudesse imaginar, – como uma colméia distante em maio, quem sabe o som de seus pensamentos. Não tinham idéias vãs e ninguém sem estas conseguiria enxergar seu trabalho, pois seus esforços não eram cercados por nós e excrescências.[6]

É possível um estado assim, ou tudo não passa de um sonho vão? Lembrando que Chuang-tzu exagera a fim de lograr seu intento, a mensagem prática parece ser esta: aqueles que lutam para aperfeiçoarem-se e ao mundo através de meios vigorosos, só provocam problemas. "Ah, Liberdade – quantos crimes são come-

6. Thoreau (1), pp. 628-629.

tidos no teu nome!" O idealismo das Revoluções francesa, americana e russa sempre acabou por levar, cedo ou tarde, a excessos de violência justificados por visarem a libertação e o bem-estar dos povos ultrajados.

> Existe algo como deixar a humanidade em paz; jamais existiu algo como governar a humanidade [com sucesso]. Deixar em paz origina-se do medo de que as disposições naturais do homem sejam pervertidas e sua virtude posta de lado. Mas caso suas disposições naturais não sejam pervertidas, nem sua virtude posta de lado, qual o espaço que resta para o governo?[7] [63*a*]

Quando se desce a este ponto, o governo não passa de um abandono de responsabilidade, na pressuposição de que existem pessoas, senão nós mesmos, que realmente sabem como administrar. Mas o governo, que visa ostensivamente o bem do povo torna-se uma corporação que serve a seus próprios interesses. Para manter tudo sob controle, multiplica as leis de complexidade e ininteligibilidade crescentes, e impedem o trabalho produtivo, exigindo tamanha contabilidade escrita que o registro do que foi feito torna-se mais importante do que aquilo que de fato foi feito. A este respeito, poder-se-ia falar indefinidamente – mas com a atual ansiedade quanto à superpopulação, a poluição, o desequilíbrio ecológico e os desastres em potencial da fissão nuclear, raramente reconhece-se que as nações se tornaram instituições autodestruidoras, paralisadas e atoladas em suas próprias complicações, e sufocadas sob montanhas de papel. A moral taoísta afirma que as pessoas que desconfiam de si mesmas e dos outros estão arruinadas.

Além disso, nem o indivíduo nem a sociedade conseguem subir por seus próprios esforços, embora

7. *Chuang-tzu* 11, tr. H. A. Giles (1), p. 119.

hoje seja de conhecimento geral que precisamos fazer exatamente isso. Enquanto usarmos a força, seja física ou moral, a fim de melhorar o mundo e nós mesmos, estaremos desperdiçando uma energia que poderia ser utilizada em coisas que *podem* ser feitas. Este não é o melhor local para entrar em todos os detalhes destes problemas. Basta dizer que a visão taoísta tem o bom senso fundamental de mostrar que *precisamos* jogar a última cartada e confiar em nós mesmos e nos outros. Contudo, Lao-tzu faz uma ressalva ao descrever sua comunidade ideal, afirmando que "embora o povo tenha armas, ele não as exibe", pois as armas são, até certo ponto, uma extensão natural dos dedos, garras e carapaças. A visão taoísta da natureza não é sentimental, mas reconheceu que a violência às vezes precisou ser usada, mas sempre com pesar, pois,

> O melhor soldado não é militar;
> O melhor lutador não é cruel.[8] [100*a*]

A este respeito, confucionistas e taoístas pensavam da mesma maneira. Pois à frente de todas as virtudes Confúcio colocou, não a justiça [i], mas a bondade humana [*jen*], que não é apenas benevolência, como freqüentemente é traduzida, mas ser inteira e honestamente humana – qualidade que ele se recusou a definir, assim como Lao-tzu não definiu o Tao. 義 仁

> A verdadeira virilidade exige uma grande capacidade, e é dura a estrada até lá. Não é possível erguê-la com as próprias mãos, nem atingi-la a pé. Aquele que se aproxima dela mais do que os outros já pode ser chamado de "verdadeiro homem". Não é difícil a um homem tentar alcançar esse padrão por meio de esforços absolutos? Assim, se o cavalheiro mede os homens pelo padrão absoluto da virtude [i], torna-se difícil ser um ver-

8. *Lao-tzu*, tr. Ch'u Ta-kao (1), p. 83.

> dadeiro homem. Mas se ele os avalia pelo padrão do homem, então o melhor povo terá algum padrão a seguir . . .
>
> Durante muito tempo, foi difícil encontrar exemplos de verdadeiros homens. Apenas o homem superior pode alcançar este estado. Portanto, o homem superior não tenta criticar o povo por aquilo em que ele mesmo fracassa, e não envergonha o povo por aquilo em que fracassam . . . Aquele que não é um verdadeiro homem não consegue suportar a pobreza por muito tempo, nem a prosperidade. O verdadeiro homem é feliz e natural, vivendo segundo os princípios da verdadeira virilidade, mas um [simples] sábio considera proveitoso agir assim . . . O homem superior atravessa a vida sem qualquer curso preconcebido de ação ou tabu. Limita-se a decidir no momento o que deve fazer . . . os santarrões são os ladrões da virtude.[9]

Em outras palavras, o verdadeiro ser humano* não é um modelo de virtude, um puritano ou um santarrão, mas reconhece que algumas faltas são tão necessárias à verdadeira natureza humana quanto o sal ao ensopado. É impossível conviver com pessoas apenas virtuosas, porque não têm senso de humor, não permitem que a verdadeira natureza humana exista e são perigosamente inconscientes de suas próprias sombras. À semelhança de todos os legalistas e intrometidos, tentam encaixar o mundo num leito procustiano de regulamentos lineares, de forma que se tornam incapazes de fazer acordos razoáveis. Na guerra, lutam até a morte pela rendição incondicional e, em nome do princípio da virtude, destroem um território, quando deve-

9. *Li Chi* 32, tr. Lin Yutang (2), pp. 830-35.

* Observe-se que, na citação acima, o uso de termos tais como "virilidade", "cavalheiro", "verdadeiro homem", "homem superior" segue a tradição na qual "homem" denota seres humanos de ambos os sexos. No chinês, a palavra *jen* 人, seres humanos, não possui diferenciação de gênero. No futuro, proponho que todos os tradutores do chinês usem a palavra "humano" quando falarem do homem nesse sentido. Afinal de contas, não traduzimos a palavra confucionista *jen* 仁 como "bondade do homem", mas como "bondade humana".

riam simplesmente capturá-lo e usufruí-lo com espírito egoísta, mas bem menos danoso. Portanto, é essencial ao *wu-wei* político não se tentar reforçar leis contrárias à natureza humana e enviar pessoas à prisão por "pecados" ou crimes sem vítimas relutantes. Confiar na natureza humana implica a aceitação de seu lado bom e mau, e é difícil confiar em pessoas que não admitem as próprias fraquezas.

Por exemplo, consideremos o que ocorreu na China quando a Dinastia Ch'in chegou ao poder em –221. Sua política foi formulada no Estado ocidental de Ch'in muito antes, em –360, pelo senhor Shang.

> Todas as altas honrarias de Estado foram reservadas ao serviço militar e aos feitos na guerra. Até mesmo os nobres e o sangue real devem ser novamente graduados com base no serviço militar. Nobres sem distinção militar foram rebaixados a plebeus. O objetivo é criar "um povo que encare a guerra como um lobo faminto contempla um naco de carne". "Se o único portão para a riqueza e a honra é a batalha, quando o povo souber da existência de guerra, as pessoas se parabenizarão; em casa e nas ruas, durante as refeições e quando estiverem bebendo, todas as canções falarão da guerra." "Um governante capaz de fazer o povo deliciar-se com a guerra torna-se o rei dos reis." . . .
>
> Para pôr em execução as novas leis, a população foi organizada em pequenos grupos de cinco e dez famílias cada, e os membros de cada grupo foram convocados a ficar de vigília e a fazer relatórios uns aos outros. O desmascaramento bem-sucedido do crime, por meio desse tipo de espionagem e denúncia, seria recompensado na mesma escala de quem mata um inimigo no campo de batalha. Encobrir um criminoso receberia a mesma pena de quem se rende ao inimigo na guerra.[10]*

10. Hu Shih, p. 43.

* Uma das últimas tarefas espontâneas ao concluir este livro consistiu em seguir a pista dos títulos e o número das páginas das fontes das citações de Alan. Ele não deixara anotações de onde e de como as descobrira, ao menos não por escrito. Estou grato a diversos amigos es-

Depois que o Estado Ch'in unificou toda a China através da conquista, durante o período de –360 a –221, o imperador Ch'in Shih Huang Ti chegou ao ponto de ordenar a queima de todos os livros que não se relacionassem estritamente com as artes práticas e declarou, à semelhança de Hitler, estar fundando uma dinastia que iria durar mil anos. Mas quando morreu, em –210, o povo rebelou-se sob a liderança de Liu Pang, que se tornou o imperador Han Kao Tsu, fundador da Dinastia Han, que perdurou, com um breve intervalo, quatrocentos anos (–200 a +200).

> Quando seu exército revolucionário entrou triunfante na capital, ele convocou uma reunião dos mais idosos da população e declarou conhecer o prolongado sofrimento sob o governo tirânico do Império Ch'in e prometeu abolir todas as suas leis repressoras. Assim, proclamou que "Doravante, apenas vigorarão três leis simples, quais sejam: o homicídio será punido com a morte, e a agressão e o roubo serão justamente punidos, de acordo com os fatos caso por caso."
>
> Esta política prematuramente proclamada de aliviar o povo do jugo autoritário de um governo prepotente foi conscientemente cumprida por alguns dos grandes estadistas do Império Han.

tudiosos e bibliotecárias talentosas, os quais, nos últimos meses, me ajudaram a localizar todas as fontes, exceto uma. Decidi deixar esta de lado, simplesmente para mostrar que o círculo com uma abertura em geral é mais real e menos estéril. Hu Shih escreveu muitas versões diferentes deste mesmo relato histórico, em chinês e inglês, e Alan provavelmente o encontrou no lugar mais obscuro – ou no mais óbvio. Até o momento, não conseguimos encontrá-lo em nenhum dos livros de Hu Shih disponíveis em inglês, ou descobrir vestígios em qualquer dos artigos com que ele contribuiu para vários livros e periódicos da cultura chinesa. Sabemos que ele o escreveu. Todos os especialistas em Hu Shih saberão onde encontrá-lo. Os demais, provavelmente, pouco se importarão.

No meu tempo de escola, certa vez fui apresentado a Hu Shih por meu pai, que o conhecia e admirava. Lembro que Hu me deu um tapinha de aprovação na cabeça quando recitei orgulhosamente de memória um parágrafo de sua obra, que eu havia estudado recentemente na aula de literatura chinesa. Obrigado, Tio Hu, pela sua contribuição para este livro.

Em –201, segundo ano do Império, o general Ts'ao, um dos grandes generais da revolução, foi empossado como governador do Estado populoso e economicamente desenvolvido de Ch'i, na costa oriental. Ele escolheu um velho filósofo para ser seu conselheiro principal. Este homem idoso era seguidor de Lao-tzu e disse ao governador que a melhor maneira de governar aquele Estado, que incluía setenta cidades, consistia em nada fazer e em dar um descanso ao povo. O governador seguiu religiosamente o conselho do ancião ao longo de seus nove anos de mandato. O povo prosperou e sua administração foi considerada a melhor do império. Quando foi escolhido primeiro-ministro do império, em –193, ele tornou a praticar sua filosofia em escala nacional.[11]

Quando, em –179, o imperador Wen Ti e sua imperatriz taoísta Tou ascenderam ao trono, aboliram a responsabilidade coletiva da família por um crime, a punição por mutilação física e as taxas sobre comércio interestadual. Reduziram os impostos sobre a terra a apenas um trigésimo do produto e fizeram todo o possível para evitar a guerra nos limites do império. A imperatriz Tou persuadiu toda a corte a ler Lao-tzu, e seu conselho poderia perfeitamente ser seguido pelos atuais potentados da China, da Rússia e dos Estados Unidos.

Quanto maiores as restrições e impedimentos
    no império
mais pobre torna-se o povo.
Quanto mais afiados os instrumentos utilizados
    pelo povo
Maiores as confusões no país.
Quanto mais artes e ofícios,
mais frívolos os objetos produzidos.
Quanto mais leis e regulamentos,
maior o número de ladrões e de assaltantes.[12] [100*b*]

11. Ibid, pp. 44-45.

12. *Lao-tzu* 57, tr. Ch'u Ta-kao (1), p. 72, mod. auct. "Coisas frívolas" são o tipo de objetos encontrados à venda em "lojas de *souvenirs*".

坐禪

Aqui coloca-se a seguinte questão: o *wu-wei* e a obediência ao Tao podem ser cultivados intencionalmente por alguma disciplina espiritual ou psicológica, tal como a yoga ou o *ts'o-ch'an* (em japonês, *za-zen*)? Práticas desse tipo são em geral utilizadas entre os denominados por Creel Hsien taoístas, que serão analisados mais detidamente no próximo capítulo. É provável que, sob a influência do Budismo e de outras disciplinas hindus, esses taoístas tenham se interessado pelo controle da respiração, pela yoga sexual, pela alquimia e a medicina, com o fim de atingir a imortalidade, estabelecendo uma igreja taoísta com sacerdotes ordenados e mosteiros. Entretanto, nem Lao-tzu, nem Chuang-tzu alimentavam qualquer interesse pela imortalidade, e tinham muito pouco, se tanto, a dizer sobre a meditação formal e a aquisição de poderes psíquicos.

> Os verdadeiros homens de outrora nada sabiam do amor à vida ou do ódio à morte. Entrar na vida não lhes proporcionava alegria; a saída da mesma não despertava resistência. Calmamente, iam e vinham. Não esqueciam qual havia sido o começo e não indagavam qual seria o fim. Aceitavam [a vida] e regozijavam-se com ela; esqueciam [todo o temor à morte] e retornavam [a seu estado antes da vida]. Assim, havia neles a necessidade de qualquer mente em resistir ao Tao, e todas as tentativas, por meio da condição Humana, de resistir ao Divino.[13] [68*a*]

13. *Chuang-tzu* 6, tr. Legge (1), p. 286.

Longe de usar qualquer artifício ou método para obter poderes espirituais, controlar ou elevar-se acima das transformações de vida e morte, Chuang-tzu parecia exultar apenas seguindo o processo.

> Você teve a coragem de nascer humano, e está encantado. Mas este corpo passa por miríades de mudanças que jamais chegam ao fim, e assim não propicia alegrias incalculáveis? Por conseguinte, o sábio desfruta daquilo de que não é possível separar-se e pelo qual tudo é preservado. Considera a morte prematura ou a velhice, seu começo e fim igualmente bons, e nisto outros homens o imitam. Quanto mais farão em respeito a este [Tao] do qual todas as coisas dependem e do qual origina-se toda transformação![14] [68*b*]

Em outras palavras, aquilo que em geral é sentido como o mundo instável, imprevisível, perigoso e até mesmo hostil – incluindo os sentimentos volúveis e sentimentos íntimos – na verdade é o próprio ser e modo de fazer. O próprio sentido de *não ser assim* é, por sua vez, parte do ser assim. Ou seja, do ponto de vista do Taoísmo Contemplativo primitivo (termo usado por Creel), qualquer exercício deliberado para cultivar o *wu-wei* pareceria autocontraditório. Na própria metáfora de Chuang-tzu, seria como "bater um tambor em busca de um fugitivo" ou, como posteriormente afirmaram os budistas Ch'an, "colocar pernas numa serpente". De acordo com Lao-tzu (cap. 38), poder-se-ia afirmar, "O *wu-wei* superior não objetiva o *wu-wei*, por isso é o verdadeiro *wu-wei.*" Tal compreensão se dá por uma percepção intuitiva e não como resultado de alguma disciplina. Da mesma maneira, não é preciso aprendizado para compreender o artifício de representar a terceira dimensão através de linhas traçadas em perspectiva; basta que isso seja mostrado e a experiência de profundidade do quadro deixa de ser apenas compreensão verbal e torna-se a visão real.

14. Ibid., p. 291, mod. auct.

Então, o que devemos fazer da venerável tradição dos exercícios de meditação no Hinduísmo, no Budismo, no Taoísmo Hsien e no Sufismo Islâmico, os quais tomam a consciência cósmica e os poderes paranormais como seu objetivo ostensivo? Se prosseguirmos até os primeiros escritos Ch'an da Dinastia T'ang (+618 a +906), recordando que Ch'an constituía à época uma fusão de Taoísmo e Budismo, acho que não haverá dúvidas de que estes primeiros mestres Ch'an, tais como Seng-Ts'an, Hui-neng, Shen-hui, Ma-tsu e até mesmo Lin-chi, não apenas deixavam de enfatizar a importância dos exercícios de meditação, mas com freqüência descartavam-nos como irrelevantes. Eles enfatizavam inteiramente o *insight* intuitivo imediato,
直指 resultante de o professor "apontar diretamente" (*chih-chih*) em entrevistas de pergunta e resposta de-
問答 nominadas *wen-ta,* de tal forma que, aquele que já havia visto a verdade das coisas simplesmente a apontava para aquele que não a havia visto – com freqüência por meios não-verbais, por demonstração e não explicação.[15] Por este motivo, Hui-neng, Sexto patriarca

15. Ao apresentar esta idéia, percebo que, *vis-à-vis* os disciplinadores Ch'an modernos (Zen) do ramo do Budismo das "pernas doloridas", não passo de um herege deplorável, pois para eles o *za-zen* (meditação Zen sentado) e o *sesshin* (longos períodos de meditação zen sentada) são o *sine qua non* para o despertar (ou iluminação), segundo sua escola. Fui duramente repreendido por esta opinião em Kapleau (1), pp. 21-22, 83-84, embora o único texto por ele citado da literatura zen inicial seja o de *Huang-po Tuan-chi Ch'an-shih Wang-ling Lu* (antes de +850): "Para praticar o controle da mente (*ts'o-ch'an*), sente-se na posição adequada, permaneça perfeitamente e não permita que o menor movimento de sua mente o perturbe" (tr. Blofeld (1), p. 131). Considerando-se a grande ênfase dada ao *za-zen* posteriormente, é estranho Huang-po ter apenas isso a dizer a respeito. O leitor interessado nas raízes desta questão precisará apenas consultar o *Tan-ching* de Hui-neng (tr. Chan Wing-tsit (1), ou Yampolsky (1), esp. o cap. 19), ou o *Shen-hui Ho-chang I-chi* (tr. Gernet (1), esp. a seção 1.111), ou Ma-tsu em *Kutsun-hsü Yü-lu* (tr. Watts (1), p. 110). Para outras discussões, ver Fung Yu-lan (1), vol. 2, pp. 393-406, e Hu Shih. Todas estas evidências corroboram a visão de que os mestres T'ang do Ch'an deploravam o uso de
悟 exercícios de meditação *como forma de* obter o verdadeiro *insight* (*wu*, ou o japonês *satori*). Obtive confirmação posterior desta visão em discussões particulares com D. T. Suzuki e R. H. Blyth, os quais consideravam o *za-zen* compulsivo das "pernas doloridas" um fetiche supersticioso da moderna prática zen.

do Ch'an Budismo (+713), chamava seu método de "escola repentina", hoje ridicularizada por budistas protestantes secretos como "Zen instantâneo" (como café instantâneo) – como se o valor de uma inspiração ou intuição deva ser julgado simplesmente pelo padrão quantitativo de tempo e energia gastos na preparação para o mesmo. Quanto tempo uma criança demora para saber que o fogo é quente?

Por outro lado, os que compreendem o Tao deliciam-se, como gatos, limitando-se a ficar sentados e observando, sem qualquer propósito ou resultado em mente. Mas quando um gato se cansa de ficar sentado, ele se levanta e vai caminhar ou caçar ratos. O gato não inflige castigos a si mesmo nem compete com outros gatos em testes de resistência – quanto tempo pode permanecer imóvel – a não ser que exista algum motivo verdadeiro para permanecer imóvel, tal como pegar um pássaro. Os taoístas contemplativos terão todo o prazer em sentar-se com yogis e Zen por um tempo razoável e cômodo; mas quando a natureza nos diz que estamos "empurrando o rio", levantamos e fazemos outras coisas, ou mesmo vamos dormir. Mais do que isso, sem dúvida não passa de orgulho espiritual. Os taoístas não consideram a meditação uma "prática", exceto no sentido de como um médico "pratica" a medicina. Não pretendem subjugar ou alterar o universo por meio da coerção ou força de vontade, pois sua arte deve seguir inteiramente o fluir das coisas, de maneira inteligente. A meditação ou contemplação (*kuan*) 觀 desenvolve esta inteligência como conseqüência, e não como objetivo direto. O propósito ou benefício da contemplação consiste apenas em, durante uma longa noite,

O som da água
diz o que penso.

Sua mente está livre de todos os pensamentos. Sua conduta é tranqüila e silenciosa. A fronte refulge com simplicidade. Ele é frio como o outono e quente como a primavera, pois a alegria e a raiva acontecem com a naturalidade das quatro estações.[16] [69*b*]

Contudo, deve-se deixar claro que o *wu-wei* não é um capricho intencional, como quando as pessoas saem de seu caminho para fazer aquilo que é bizarro ou anticonvencional, seguindo as convenções com a servidão de qualquer antiquado – como um guia para fazer exatamente o contrário. Este foi um equívoco comum na interpretação do Taoísmo e do Zen, quando se tornaram populares entre os jovens ocidentais. Assim, na verdade os taoístas contemplativos sentam-se em meditação, mas não com o propósito egoísta de se aperfeiçoarem. O que acontece é que, percebendo intuitivamente a inexistência de algum caminho a seguir, exceto o caminho do Tao, "divagam para dentro daquilo a que não se pode escapar" (*Chuang-tzu* 6) e meditam pelo prazer da meditação – o fluxo da respiração, o som dos galos à distância, a luz no chão, o sussurrar do vento, a tranqüilidade e, infelizmente, todas aquelas coisas que os militantes ativistas do Ocidente e do Oriente, com sua determinação frenética, aprenderam a desdenhar. Este é o aspecto yin da vida taoísta, e assim não exclui – quando se torna oportuno – o aspecto yang de deliciar-se com o vigor, por isso a
太極拳 disciplina do *t'ai chi chuan* de movimento corporal, fluindo e oscilando, é tão apreciada quanto sentar-se para meditar.[17]

16. *Chuang-tzu* 6, Fung Yu-lan (3), p. 113, mod. auct.

17. É difícil imaginar um equivalente ocidental para o *t'ai chi chuan*. Parte dança, parte exercício físico e parte combate lento, ainda assim ele não é nada disso, mas, ao contrário, "O T'ai chi exemplifica o princípio mais sutil do Taoísmo, conhecido como *wu-wei* . . . agir sem

O crítico de Chuang-tzu, Ko Hung (–300), um taoísta Hsien, ressaltou a importância dada por Chuang-tzu à compreensão intuitiva do Tao, sem recorrer a "exercícios espirituais" artificiais. Ko Hung denominou o caminho de Chuang-tzu como nada além de "pura conversação" (*ch'ing t'an*), ou como poderiam chamar seus correlatos modernos, "mera intelectualização" ou nada além de uma "viagem mental". Chuang-tzu, escreveu ele, "afirma que vida e morte são exatamente a mesma coisa, classifica o esforço em preservar a vida como servidão laboriosa e exalta a morte como um descanso; tal doutrina está a milhões de quilômetros daquela de *shen hsien* [imortais sagrados]".[18]

清談

神仙

O mais próximo que Chuang-tzu chegou de um esboço de método para atingir o Tao é colocado na boca de um sábio chamado Nü Chü, presumivelmente uma mulher:

> Havia Pu Liang I, que possuía o gênio de um sábio, mas não o Tao. Eu tenho o Tao, mas não o gênio. [Sem dúvida, deve ser uma mulher falando.] Quis ensinar-lhe, a fim de que se tornasse um verdadeiro sábio. Ensinar o Tao de um sábio a um homem de gênio parece algo fácil. Mas não, e continuei instruindo-o; depois de três dias, ele conseguiu desprezar todas as questões mundanas [isto é, ansiedades quanto à posição social ou sobre ganhos e perdas]. Depois de desprezar todas as questões mundanas, continuei instruindo-o; sete dias mais tarde, ele conseguiu desprezar todas as coisas externas [como sendo entidades separadas]. Depois de desprezar todas as coisas externas, continuei instruindo-o; nove dias mais tarde, ele conseguiu desprezar a própria existência [como um ego]. Depois de desprezar a própria existência, ele foi iluminado. Tornando-se

esforço – movimentar-se em harmonia com o fluxo da natureza. . . e é mais bem compreendido observando-se a dinâmica da água" (Huang [1], p. 2).

18. Creel (1), p. 22.

iluminado, conseguiu perceber a visão do Um. Depois de ter esta visão do Um, então ele foi capaz de transcender a distinção entre passado e presente. Transcendida a distinção entre passado e presente, então ele conseguiu ingressar no.reino onde vida e morte não existem. Enfim, para ele, a destruição da vida não significava morte, nem o prolongamento da vida um acréscimo à duração de sua existência. Ele teria seguido qualquer coisa; teria recebido qualquer coisa. Para ele, tudo estava em destruição, tudo estava em construção. A isto chama-se tranqüilidade na desordem. Tranqüilidade na desordem significa perfeição.[19] [70-69*a*]

Existe uma passagem semelhante em Lieh-tzu onde, contudo, os dias passam e chegam a anos, e o mestre nada diz, contando-nos como Lieh-tzu aprendeu a cavalgar o vento, ou, como ele diria, a caminhar pelo ar.

Ao cabo de sete anos, houve outra mudança. Permiti que minha mente refletisse sobre o que seria, mas ela não se ocupava mais com o certo e o errado. Permiti que meus lábios pronunciassem o que quisessem, mas eles não falavam mais de perdas e ganhos. . . . Ao cabo de nove anos, minha mente deu rédeas às suas reflexões, minha boca livre passagem a seu discurso. Sobre o certo e o errado, sobre perdas e ganhos, eu não tinha qualquer conhecimento, tocando a mim ou aos outros . . . Interno e externo fundiram-se na Unidade. Depois disso, não havia distinção entre olho e orelha, entre orelha e nariz, entre nariz e boca; tudo era a mesma coisa. Minha mente estava congelada, meu corpo em dissolução, pele e ossos fundidos. Eu estava inteiramente inconsciente de onde o meu corpo repousava, ou do que havia sob meus pés. Eu era mantido de um jeito e de outro pelo vento, como palha ou folhas secas caindo de uma árvore. Na verdade, não sabia se o vento estava me cavalgando ou eu ao vento.[20]

19. *Chuang-tzu* 6, tr. Fung Yu-lan (3), pp. 119-20.

20. *Lieh-tzu* 2, tr. L. Giles (1), pp. 40-42. Aparentemente, Lieh-tzu oferece metáforas físicas para estados psicológicos, e assim é que, montando o vento, a mente congelada e o corpo dissolvido não devem ser compreendidos literalmente.

Estas passagens sugerem que *wu-wei* constitui um estado da consciência quase de sonho – flutuante – de forma que o mundo físico perde a dura realidade normalmente presente no senso comum.

> Certa vez eu, Chuang-chou, sonhei que era uma borboleta, uma borboleta voando, divertindo-se. Eu não sabia que ela era Chuang-chou. De súbito, despertei e era novamente Chuang-chou. Mas não sei se sonhei que era uma borboleta ou se sou uma borboleta sonhando que sou Chuang-chou.[21] [72*b*]

E novamente:

> Como saber que amor à vida não é uma ilusão? Como saber que aquele que teme a morte não se assemelha ao homem que foi embora de casa quando jovem e não pretende voltar? . . . Como saber que os mortos não se arrependerão da antiga ansiedade pela vida? Aqueles que sonham com um banquete à noite talvez na manhã seguinte chorem e se lamentem. Aqueles que sonham com lamentos e choro talvez na manhã seguinte saiam para caçar. Quando sonham, não sabem que estão sonhando. No sonho, podem inclusive interpretar seus sonhos. Somente quando estão despertos é que começam a perceber que sonharam. Logo vem o grande despertar, e então descobriremos que a própria vida é um grande sonho. Durante todo este tempo, os tolos consideram-se despertos e pensam que sabem. Com belas discriminações, fazem distinções entre príncipes e cavalariços. Como são tolos! Confúcio e você, ambos estão sonhando. Quando afirmo que você está sonhando, também eu estou sonhando.[22] [71*a*]

A sensação de que o mundo é um sonho, que também é encontrada no Hinduísmo e no Budismo, provém sobretudo da observação de sua transitorieda-

21. *Chuang-tzu* 2 and fin., tr. Fung Yu-lan (3), p. 64, mod. auct.
22. *Chuang-tzu* 2, tr. Fung Yu-lan (3), pp. 61-62.

de e não de especulações a respeito do conhecimento e da verdade, da epistemologia e da ontologia, embora estes surjam posteriormente. Especialmente com o amadurecimento, torna-se cada vez mais evidente que as coisas não têm substância, pois o tempo aparentemente passa com mais rapidez, de tal forma que percebe-se a liquidez dos sólidos; pessoas e coisas transformam-se em luz e ondulações sobre a superfície da água. Podemos criar filmes acelerados sobre o crescimento de plantas e flores, nos quais estas parecem ir e vir como gestos da terra. Se pudéssemos filmar civilizações e cidades, montanhas e estrelas, da mesma maneira as veríamos como cristais congelados que se formam e se dissolvem, e como faíscas no fundo de uma lareira. Quanto mais rápido o movimento, mais parece que estamos observando não tanto uma sucessão de fatos, mas o movimento e as transformações de determinada coisa – como vemos ondas no oceano ou os movimentos de um dançarino. Da mesma maneira, o que num microscópio parece uma massa de protuberâncias plásticas cercada de espinhos, a olho nu é a pele fina de uma moça. Dito cruamente, o misticismo é a apreensão de que alguma coisa faça todo o resto. Os taoístas são mais sutis, de modo que o "fazer" não tem o sentido de uma coisa, o Tao, forçando ou compelindo outras.

De maneira geral, as filosofias do Ocidente moderno não aceitam bem esta visão sonhadora das coisas, talvez porque sintam que, se somos sonhos, não somos importantes, e se não somos importantes, não há necessidade de respeitar-nos uns aos outros. Todos já ouvimos o chavão de que na China a vida humana é barata. Naturalmente, porque lá ela é abundante; e nós mesmos estamos nos tornando endurecidos com a multiplicação da população, e os meios de comunicação nos habituam a estatísticas de carnificinas enormes. Contudo, ainda não foi demonstrada a necessária relação entre as visões metafísicas ou convicções religiosas das pessoas e seu comportamento moral. Pessoas importantes podem tornar-se demasiado importantes, e assim devem livrar-se de aborrecimentos; e devemos lembrar que as torturas e mortes na fogueira à época da Santa Inquisição foram cometidas com profunda preocupação com o destino da alma imortal dos hereges.

Via de regra, parece que o sofrimento é a nossa medida da realidade; não sei se nos sonhos existe dor física dissociada de algum motivo fisiológico real. Assim, é conhecida a pilhéria de que aqueles que acreditam na irrealidade da matéria têm dificuldade para convencer os demais acerca da irrealidade da dor.

> Havia um curador pela fé,
> que disse, "Embora a dor não seja real,
>   quando a ponta de um alfinete
>   penetra minha pele,
> não gosto do que imagino sentir."

Contudo, o corpo humano contém tanto espaço vazio que seus elementos ponderáveis poderiam ser condensados ao tamanho dessa mesma ponta de alfinete, pois sua aparente solidez é uma ilusão proveniente do movimento rápido de seus componentes atômicos – como quando uma hélice girando parece tornar-se um disco impenetrável. Talvez a dor seja uma forma de "condicionamento", pois sabemos que o tipo de condicionamento denominado hipnose pode constituir um anestésico extraordinário e seletivo.

Não obstante, tentemos imaginar um universo, um campo de experiência ou um campo de consciência, sem extremos que poderiam ser denominados dor ou horrores. Embora uma pessoa de sorte possa passar dias, meses e até anos nas circunstâncias mais confortáveis e satisfatórias, sempre existe a apreensão, a idéia guardada no mais recôndito da mente, de que alguma forma de dor é, no mínimo, possível. Ela está emboscada nas proximidades, e ele sabe que é uma pessoa de sorte, porque à sua volta existem os que sofrem. Toda experiência, toda consciência parece possuir espectros variados de vibrações tão ordenados que seus extremos, como o yin e o yang, de alguma maneira têm de caminhar juntos. Se cortamos um magneto ao meio, de forma a retirar seu pólo norte, descobriremos apenas que cada metade possui agora pólos norte e sul como antes. Assim, seria difícil imaginar um universo sem polaridades de prazer e dor. Em inúmeras sociedades, percorremos um longo trajeto buscando livrar-nos de monstruosidades tais como a tortura legal e, através de meios médicos, livrar-nos dos sofrimentos da enfermidade e da cirurgia. Contudo, novas ameaças parecem tomar o seu posto, e sempre existe o espectro da morte em segundo plano.

Portanto, se nos aprofundarmos na verdadeira natureza do sentimento, começaremos a perceber que não queremos, e nem mesmo podemos querer, um universo sem esta polaridade. Em outras palavras, enquanto desejamos a experiência denominada prazer, implicamos e, desta forma, geramos o seu oposto. Por conseguinte, os budistas e taoístas falam do sábio como aquele que não tem desejos, embora os taoístas também o caracterizem como aquele cuja "alegria e raiva ocorrem tão naturalmente quanto as quatro estações", e aqui pode estar a chave do problema. Pois é possível não desejar? Tentar libertar-se do desejo sem dúvida é desejar não desejar.[23] Qualquer projeto de suprimir o

23. Como naturalmente os budistas logo descobriram. Em geral, não se compreende que o Budismo não seja uma doutrina, mas um diálogo que prossegue com uma série de experimentos. Buda não "ensinou" como alguma espécie de dogma, que a cura para o sofrimento reside na eliminação do desejo (*trishna*). Ele sugeriu simplesmente este experimento como inicial, o qual naturalmente levaria as pessoas (exatamente o que ele pretendia) a perceberem que elas estavam desejando não desejar, envolvidas assim num círculo vicioso.

desejo obviamente seria contrário ao espírito de *wu-wei*, implicando que "Eu" sou uma potência separada, a qual pode subjugar o desejo ou ser por ele subjugado. O *wu-wei* consiste em fluir com as experiências e sentimentos à medida que vêm e vão, como uma bola num riacho de montanha, embora na verdade não exista bola separada dos revoluteios e coleios do próprio riacho. A isto se chama "fluir com o momento", conquanto aconteça apenas quando se torna clara a inexistência de outra coisa a fazer, pois não existe experiência que não seja o *agora*. Este riacho-agora (*nunc fluens*) é o próprio Tao, e quando isso fica claro, inúmeros problemas desaparecem. Enquanto perdurar a noção de que somos algo diferente do Tao, todos os tipos de tensão surgem como entre "eu" de um lado e as "experiências" do outro. Nenhuma ação, nenhuma força (*wei*) conseguem liberar a tensão proveniente da dualidade daquele que conhece e o conhecimento, assim como não se pode afastar a noite com um sopro. A luz, ou a compreensão intuitiva, dissipa sozinha a escuridão. Assim como ocorre com a bola no riacho, não há resistência para cima quando se sobe, nem resistência para baixo quando se desce. Resistir o deixará mareado.

> Um bêbado cai de uma carroça e, embora possa sofrer, não morre. Seus ossos são iguais aos das outras pessoas; mas ele enfrenta o acidente de maneira diferente. Seu espírito encontra-se em estado de segurança. Não está consciente da sua presença sobre a carroça; nem tampouco da queda. Idéias de vida, de morte e de medo não podem penetrar-lhe o peito; assim, ele não sofre pelo contato com existências objetivas. E se tal segurança é obtida por meio do vinho, quanto mais será obtida por meio da Espontaneidade.[24] [67*b*]

24. *Chuang-tzu* 19, tr. H. A. Giles (1), p. 232, mod. auct.

Este é um dos deliciosos exageros de Chuang-tzu, que ele explica melhor em outra passagem, como quando estabelece a distinção entre *wu-wei* e manter-se no meio, no caminho do meio.

> Mas o meio caminho entre o útil e o inútil, embora pudesse parecer um bom lugar, na verdade não o é – você jamais conseguirá escapar do problema aí. Contudo, seria bem diferente se você subisse o Caminho e sua Virtude, e perambulasse e vagasse, nem cheio de louvores nem de imprecações, ora sendo um dragão, ora sendo uma serpente, mudando com o tempo, jamais propenso a manter um caminho único. Subindo ou descendo, conseguindo harmonia para a sua cadência, perambulando e vagando com o ancestral das dez mil coisas, tratando-as como coisas, mas não permitindo que elas o tratem como tal – então como você poderia arranjar um problema?[25] [60*a*]

Mais além neste capítulo, ele volta ao mesmo tema:

> Ouçam o que digo! No caso do corpo, o melhor a fazer é deixá-lo seguir com as coisas. No caso das emoções, o melhor a fazer é deixá-las seguir segundo sua vontade. Acompanhando as coisas, você evita tornar-se separado delas. Deixando as emoções livres, você evita a fadiga.[26] [60*b*]

Vale reenfatizar o princípio de que "você" não pode prosseguir com as "coisas", exceto se houver a compreensão de que, na verdade, não existe alternativa, já que você e as coisas são o mesmo processo – o Tao que flui agora. O sentimento de que existe uma diferença também é este processo. Nada se pode fazer quanto a isto. Existe apenas o riacho e suas convo-

25. *Chuang-tzu* 20, tr. Watson (1), pp. 209-10.
26. Ibid., p. 216.

luções em miríades – ondas, bolhas, borrifos, redemoinhos e vórtices – e você *é* isto.

Talvez fosse preferível deixar assim – só que essa declaração evoca, em muitas mentes, uma confusão de perguntas. Em vez de experimentar esse fluir-agora – o que tornaria tudo mais claro – elas querem todas as formas de garantias preliminares de que será seguro e vantajoso experimentar, e se essa compreensão "funciona" como uma filosofia de vida. É claro que sim, e de maneira bastante eficaz, mas se alguém a segue por este motivo, não a estará seguindo. Entretanto, se existe a compreensão, o poder ou virtude do *te* surge espontaneamente ou, como dizem os cristãos, pela graça divina tão distinta da força de vontade. Ao perceber que somos o Tao, automaticamente a sua magia se manifesta – mas a magia, assim como a graça, é algo que ninguém deve exigir. Como afirma Lao-tzu a respeito do Tao, "Quando se realizam boas coisas, ele não as exige (nem lhes dá nome)."

德

善為士者不武善戰者不怒善勝
敵者不與善用人者為之下 [*a*: 108]

上仁為之而無以為上義為之而
有以為上禮為之而莫之應則攘
臂而扔之 [*b*: 109]

大道廢有仁義慧智出有大偽六
親不和有孝慈國家昏亂有忠臣 [*c*: 112]

五色令人目盲五音令人耳聾五
味令人口爽 [*d*: 120]

善為士者不武善戰者不怒

[a: 82]

天下多忌諱而民彌貧民多利器國家滋昏人多伎巧奇物滋起法令滋彰盜賊多有

[b: 86]

上德不德是以有德下德不失德是以無德上德無為而無以為下德為之而有以為

[c: 108]

大成若缺其用不弊大盈若沖其用不窮大直若屈大巧若拙大辯若訥

[d: 108]

天下莫柔弱於水而攻堅強者莫之能勝

[a: 47]

將欲取天下而為之吾見其不得已天下神器不可為也為者敗之執者失之

[b: 52]

道常無為而無不為

[c: 75]

小國寡民使有什伯之器而不用使民重死而不遠徙雖有舟輿無所乘之雖有甲兵無所陳之使人復結繩而用之甘其食美其服安其居樂其俗鄰國相望雞犬之聲相聞民至老死不相往來

[d: 79]

道常無為而無不為 [a: 41]

重為輕根靜為躁君 [b: 41]

無名天地之始有名萬物之母故常無欲以觀其妙常有欲以觀其徼此兩者同出而異名同謂之玄玄之又玄衆妙之門 [c: 44]

上善若水水善利萬物而不爭處衆人之所惡故幾於道 [d: 47]

譬道之在天下猶川谷之於江海 [e: 47]

江海所以能為百谷王者以其善下之故能為百谷王 [f: 47]

天下之至柔馳騁天下之至堅 [g: 47]

我無為而民自化我好靜而民自
正我無事而民自富我無欲而民
自樸
[a: 32]

道生一一生二二生三三生萬物
[b: 34]

道可道非常道
[c: 38]

大道汎兮其可左右萬物恃之而
生而不辭功成不名有衣養萬物
而不為主
[d: 40]

有物混成先天地生寂兮寥兮獨
立不改周行而不殆可以為天下
母吾不知其名字之曰道
[e: 41]

老子

不出戶知天下 [a: 20]

知其雄守其雌為天下谿為天下谿常德不離 [b: 22]

天下皆知美之為美斯惡已皆知善之為善斯不善已故有無相生難易相成長短相較高下相傾音聲相和前後相隨 [c: 22]

三十輻共一轂當其無有車之用埏埴以為器當其無有器之用鑿戶牖以為室當其無有室之用故有之以為利無之以為用 [d: 23]

NOTA

A caligrafia das páginas 88-105 e 136-141 foi escrita por Lee Chih-chang a pedido de Alan Watts. Ela reproduz em chinês as citações mais importantes dos primeiros filósofos que aparecem neste livro.

Embora as páginas caligráficas estejam numeradas na ordem do inglês, de frente para trás, a caligrafia em si segue a ordem chinesa e é lida de trás para a frente, da direita para a esquerda na página e verticalmente nas colunas. O número que se segue à letra identificadora entre colchetes ao fim de cada citação remete o leitor para a página onde pode ser encontrada a tradução da citação. Por exemplo, a citação *b* na página 141 aparece traduzida na página 50, onde está identificada pelo número 104*b* entre colchetes.

As páginas 88-105 contêm, em sua maioria, uma coletânea das obras de Chuang-tzu; as páginas 136-141 contêm citações de Lao-tzu. A organização destas passagens nas páginas caligráficas não corresponde necessariamente à ordem em que aparecem no texto em português.

5. *Te - Virtualidade*

Assim como se diz que o Tao que pode ser descrito não é o verdadeiro Tao, da mesma maneira pode-se afirmar que *tc* (virtude ou virtualidade) planejada ou prescrita não é o

德 *te* genuíno. Lembremos que o Taoísmo baseia-se no reconhecimento de que o mundo descrito faz parte, mas não é o mesmo que o mundo que de fato é. Como forma de contemplação, é estar consciente da vida sem pensar nela, e depois prosseguir desta maneira mesmo quando se está pensando, de forma que os pensamentos não se confundam com a natureza. Isto parece contraditório até que se tenha experimentado, seguindo-se as sugestões do final do capítulo dois.

Te é a percepção ou expressão do Tao na vida real, mas não é a virtude no sentido de retidão moral. Ele aflora melhor quando falamos das virtudes curativas de uma planta, tendo a conotação de poder ou mesmo de mágica, quando esta se refere aos acontecimentos maravilhosos e ditosos que acontecem espontaneamente. Em termos teístas, *te* é o que ocorre "pela graça de Deus", bastante diferente do esforço humano, embora sem as implicações de qualquer intervenção sobrenatural no curso da natureza. Poderíamos denominá-lo "virtualidade" no sentido em que a palavra foi empregada por William Caxton, significando a posse de força ou poder, ou como quando Sir Thomas Browne afirmou que "em uma semente de milho encontra-se adormecida a virtualidade de muitas outras, e desta por vezes procedem centenas de espigas". Assim, *te* já está presente na "miraculosa" fruição das plantas, na formação de olhos e orelhas, na circulação do sangue e no rendilhado dos nervos – já que tudo isto acontece sem direção consciente. As culturas que limitam a definição do "self" à faculdade de atenção consciente atribuem, por conseguinte, tais obras a um Deus exterior, ou a "mecanismos inconscientes" (*dei ex machina*).

Quanto ao Taoísmo, entretanto, o *te* é algo além do que o nosso funcionamento natural e habitual, em-
心 bora "a mente comum [*hsin*] seja o Tao". *Te* é também a naturalidade incomum e por isso extraordinária do

sábio – sua habilidade inconsciente e espontânea em lidar com questões sociais e práticas, habilidade a que John Lilly denomina "controle por coincidência".

> A virtude superior [*te*] não é (intencionalmente)
> virtuosa, por isso é virtude.
> A virtude inferior insiste em ser virtuosa,
> por isso não é virtude.
> A virtude superior não usa a força,
> mas nada deixa por fazer.
> A virtude inferior usa a força,
> mas nada consegue.[1] [100*c*]

Mas com freqüência *te* passa despercebido devido à sua aparência comum, como se envolvesse um tipo de camuflagem ou de anonimidade, como o colorido protetor, involuntário de um pássaro ou mariposa.

> A grande perfeição parece imperfeita;
> Contudo, será usada sem deterioração.
> A grande plenitude parece vazia;
> Contudo, seu uso é indefinido.
> A grande retidão parece torta;
> A grande habilidade, desajeitada;
> A grande eloqüência, tartamudeante.[2] [100*d*]

E também:

> O melhor soldado não é militar;
> O melhor lutador não é cruel;
> O melhor conquistador não toma parte na guerra;
> O melhor empregador de homens se mantém
> abaixo deles.[3] [99*a*]

1. *Lao-tzu* 38, tr. auct.
2. *Lao-tzu* 45, tr. Ch'u Ta-kao (1), p. 60.
3. *Lao-tzu* 68, tr. Ch'u Ta-kao (1), p. 83.

Isto, contudo, não é modéstia deliberada, nem autopunição ou humildade adotada na presença Daquele que é maior do que nós. Assemelha-se mais ao espírito inocentemente prático de um gato – embora "sabendo", assim como o sábio está bastante consciente da artificialidade do mundo dos homens.

Poder-se-ia afirmar que o *Te* é a virtude natural, baseada em sentimentos internos, bastante diferente da virtude artificial, baseada na obediência a regras – mas isto não suscita uma distinção artificial entre o natural e o artificial? Talvez essa distinção não exista em essência, já que "o Tao é aquele do qual não se pode desviar". Mas os que não se apercebem disto tentam harmonizar-se com o Tao buscando estabelecer os princípios da natureza em palavras, seguindo-os então como se fossem leis. Assim Lao-tzu prossegue seu capítulo sobre o *te*:

仁

> (Até mesmo) a maior boa vontade do mundo [*jen*], quando forçada, nada consegue.
> A maior virtude, quando forçada, nada obtém.
> A melhor boa forma, quando forçada, não surge da maneira certa;
> assim, como de hábito, apenas o "trabalho árduo" é usado a fim de aplicar a lei.[4] [99*b*]

Assim, *te* é o milagre natural daquele que parece nascido para ser sábio e humano, comparável ao que denominamos "espécime perfeito" de flores, árvores ou borboletas – embora às vezes nossas noções do que seja um espécime perfeito sejam demasiado acadêmicas. Por isso, Chuang-tzu exagera a virtude extraordinária de ser corcunda, e prossegue sugerindo

4. *Lao-tzu* 38, tr. auct. Este capítulo está traduzido de tantas maneiras que às vezes torna-se difícil perceber que representam o mesmo texto em chinês. Precisei supor, pelo bem da harmonia, que na segunda frase (sobre a virtude) *yu* deve ser lido como *wu*.

有 無

que ser mentalmente estranho pode ser mais vantajoso do que ser fisicamente estranho. Ele compara o corcunda a uma grande árvore que envelhece por ser inútil aos propósitos humanos; pois suas folhas não são comestíveis e seus galhos retorcidos e vigorosos.[5] Humanos formalmente saudáveis e honrados são recrutados como soldados, e árvores retas e fortes são cortadas como lenha para o fogo; por isso os sábios conseguem passar com uma perfeita aparência de imperfeição, tal como vemos nas colinas escarpadas e nos pinheiros nodosos da pintura chinesa.

Diversas passagens da literatura taoísta ilustram *te* como inúmeras habilidades – do carpinteiro, do açougueiro, do construtor de rodas, dos barqueiros e assim por diante.

> Ch'ui, o artesão, traçava círculos com a mão melhores do que os traçados por compassos. Seus dedos pareciam acomodar-se tão naturalmente àquilo em que estavam trabalhando que não era preciso fixar a atenção. Assim, suas aptidões mentais se mantiveram como apenas uma e não encontraram obstáculos.[6] [66*a*]
>
> Os que não conseguem a perfeição sem arco, linha, compasso e esquadro ferem a constituição natural das coisas. Os que exigem cordas para atar e cola para colar interferem nas funções naturais das coisas. E os que buscam satisfazer a mente do homem agitando-se com cerimônias, música, pregando a caridade e o dever para com o semelhante, destroem a natureza intrínseca das coisas. Pois existe nas coisas uma natureza intrínseca. neste sentido: – As coisas que são curvadas não precisam de arcos; as que são retas não exigem linhas; as que são redondas não exigem compasso; as que são retangulares não exigem esquadro; as que colam não exigem cola; as que se mantêm juntas não exigem cordas.[7] [57*a*]

5. Ver *Chuang-tzu* 4, onde ele também observa que essas árvores são consideradas sagradas.

6. *Chuang-tzu* 19, tr. H. A. Gile (1), p. 242.

7. *Chuang-tzu* 8, tr. H. A. Giles (1), pp. 101-2, mod. auct.

Desta maneira, os carpinteiros japoneses mais antigos não usam cianotipos, avaliando tudo de olho e unindo lindas peças de marcenaria sem pregos ou cola. Mas essa arte está se perdendo, pois seus filhos, que deveriam começar a estudá-la pelo menos por volta dos sete anos, precisam ao contrário ser mandados para a escola, onde aprenderão burocracia e negócios.

> Ch'ing, o carpinteiro-chefe, entalhava a madeira, transformando-a em um descanso para instrumentos musicais. Quando terminou, os que viram a obra a consideraram sobrenatural. E o príncipe de Lu perguntou ao carpinteiro, "Qual o mistério da sua arte?"
>
> "Nenhum mistério, Alteza", replicou Ch'ing: "entretanto, existe algo. Quando estou prestes a fazer um descanso como este, previno-me contra qualquer diminuição de minha força vital. Primeiro, levo minha mente à total quietude. Três dias nesse estado e esqueço qualquer recompensa. Cinco dias, e esqueço qualquer possibilidade de fama. Sete dias, e torno-me inconsciente de meus quatro membros e da minha estrutura física. Então, sem pensar nem por um instante na Corte, minha habilidade se concentra e todos os elementos de perturbação desaparecem. Adentro alguma floresta de montanha. Busco uma árvore adequada. Ela contém a forma necessária, que posteriormente é elaborada. Imagino mentalmente o descanso, e lanço-me ao trabalho. De outra maneira, nada acontece. Uno minha habilidade natural à da madeira. A desconfiança de que existe uma execução natural no meu trabalho deve-se, na verdade, apenas a isto."[8] [65*a*]

Lembrando que Chuang-tzu coloca as próprias palavras na boca de Confúcio, eis o relato sobre a habilidade do barqueiro:

> Yen Yüan disse a Confúcio: "Quando atravessei a cachoeira Shang-shen, o barqueiro conduziu seu enge-

8. *Chuang-tzu* 19, tr. H. A. Giles (1), pp. 240-41.

> nho com habilidade maravilhosa. Perguntei-lhe se era possível aprender a conduzir um barco. "É possível", replicou ele. "A forma daqueles que sabem como mantê-lo à tona assemelha-se a afundá-lo. Eles remam como se o barco não estivesse ali." Indaguei o que ele queria dizer com isso, mas o barqueiro não respondeu. Posso perguntar qual o significado disto?
>
> "Isto significa", redargüiu Confúcio, "que esse homem se esquece da água à sua volta. Ele encara a cachoeira como se fora a terra seca. Considera a possibilidade de o barco emborcar como um qualquer acidente de carroça. E se um homem consegue ser indiferente a barcos emborcando e a acidentes em geral, aonde não será capaz de ir com todo o conforto?"[9] [66*b*]

Mas nem sempre o especialista consegue explicar o segredo de sua arte e, mesmo quando, nos escritos de Chuang-tzu, ele o faz, a explicação sempre parece um tanto evasiva. Eis a fala do fazedor de rodas:

> Ao fazer uma roda, se trabalhar muito lentamente, você não conseguirá fazê-la firme; se trabalhar rápido demais, os raios não se encaixam. Não se deve ser lento ou rápido demais. Deve haver coordenação de mente e mãos. As palavras não conseguem explicar, mas existe aí alguma arte misteriosa. Não posso ensiná-la a meu filho; nem pode ele aprendê-la de mim. Por conseguinte, embora eu esteja com setenta anos, ainda estou construindo rodas.[10] [59*b*]

Contudo, temos a irresistível tentação de descobrir *como*, isto é, de aprender o segredo através de um método linear, passo-a-passo, ou exprimível em palavras. Por que as pessoas pedem que lhes expliquem, digamos, como dançar, em vez de simplesmente olhar e acompanhar? Por que existe a educação formal destinada a ensinar algo tão natural como nadar? Por que os seres humanos precisam ler livros para compreender

9. *Chuang-tzu* 19, tr. H. A. Giles (1), pp. 233-34. Contudo, a tradução de Watson é bastante diferente (Watson (1), p. 200). Onde o barqueiro afirma: "Claro. Um bom nadador logo pega o jeito da coisa. E se um homem pode nadar debaixo d'água, talvez jamais tenha visto um barco antes, e mesmo assim conseguirá conduzi-lo!"

10. *Chuang-tzu* 13, tr. H. A. Giles (1), p. 171.

a cópula? As mitologias de inúmeras culturas contêm, de maneira variada, o tema de que o homem caiu da graça e precisa substituí-la por tecnologia.

> Quando o grande Tao se perdeu,
> brotaram (idéias de) humanidade e justiça.
> Quando o conhecimento e o talento surgiram,
> grandes foram as decepções.
> Quando as relações familiares entraram em desarmonia,
> brotaram (idéias de) bons pais e filhos leais.
> Quando a nação mergulhou em desordem e desgoverno,
> brotaram (idéias de) ministros leais.[11] [99*c*]

A organização do organismo físico é bem mais complexa do que a de qualquer corporação política ou comercial; contudo, ela funciona com um mínimo de controle consciente. Os circuitos do cérebro e dos nervos são mais sutis do que qualquer sistema computadorizado, e mal sabemos como os desenvolvemos. Mas quando começou a história, começamos a usar roupas, pegamos ferramentas e aprendemos a falar e a pensar. Nas palavras de Lancelot Whyte:

> O pensamento nasce do fracasso. Quando a ação é satisfatória, não há resíduo que chame a atenção; pensar é confessar a falta de ajuste, e temos de parar para considerá-lo. Somente quando o organismo humano não consegue obter uma resposta adequada à sua situação existe material para os processos do pensamento, e quanto maior o fracasso, mais minucioso tornam-se estes ... Confúcio é o primeiro exemplo claro de um homem nesta situação. Preocupado com a desintegração da primitiva civilização chinesa, ele procurou restaurar a ordem confiando no poder das idéias, a fim de organizar o comportamento. Ele estava consciente do que tentava fazer: a sociedade deveria ser posta em ordem dando-se a cada coisa o seu nome correto, ou, conforme ele afirmou, através da "retificação dos nomes" [*cheng ming*].[12]

正名

Os taoístas viam a "retificação dos nomes" como um círculo vicioso, pois com que nomes devem ser

11. *Lao-tzu*, 18, tr. auct.
12. Whyte (1), p. 1.

definidos os nomes certos? O controle consciente da vida parece envolver-nos em tramas sempre mais perplexas de complexidade, de forma que, a despeito de seus sucessos iniciais, os técnicos criam mais problemas do que os solucionam.

Naturalmente, o fracasso de onde origina-se o pensamento é o fracasso em sobreviver. Os taoístas contemplativos, embora rejeitassem a busca da imortalidade, sem dúvida preocupavam-se com "viver o seu período natural de vida", por isso Chuang-tzu elogiava o corcunda e a árvore inútil. Mas eles também estão dizendo que as chances de sobrevivência são maiores quando não existe ansiedade em sobreviver, e que o maior poder (*te*) está à disposição daqueles que não buscam o poder e não utilizam a força. Ansiar pela sobrevivência é o mesmo que consumir-se; buscar poder e usar a força é o mesmo que depositar demasiada tensão sobre determinado sistema. Aquele que melhor se preserva flui sem tensão, idéia igual à doutrina de Jesus, qual seja de não ansiar pelo dia seguinte, e o princípio de ação do *Bhagavad-Gita*, sem preocupar-se com os resultados (*nishkama karma*). Este tema está presente em toda a literatura espiritual do mundo: o de que você conseguirá isso se não o desejar (i.e., se você não precisar disso), e o de àquele que tem lhe será dado.

Para os que pensam que não precisam receber isto, trata-se de um paradoxo exasperante. Se, bem no íntimo, você quer desesperadamente sobreviver e controlar os acontecimentos, não pode assumir verdadeiramente a atitude de não se preocupar com isso. Contudo, sem dúvida, tentar deixar de se preocupar ainda é um esforço para controlar e, no espírito do *wu-wei*, você deve permitir-se a liberdade de se preocupar – de "permitir que a mente pense o que quiser" (Lieh-tzu). Mas "você deve se permitir" não passa de modo de falar, uma ficção gramática, já que – insistindo no tema

– você é no mínimo tudo o que experimenta, e sua mente ou consciência é idêntica ao que denominamos espaço, todo ele. Se alguém arranca a sua cabeça, este ato e todo o terror nele envolvido, é o que você está fazendo a si mesmo. A inconsciência total que "se segue" constitui a intensa contraparte negativa da intensa sensação positiva de estar vivo e de ser real, o aspecto yin do yang. A perspectiva, e a *lembrança*, da morte extremamente real – o aniquilamento total – é o que confere vivacidade e importância à vida. Como no símbolo yin-yang da dupla hélice, elas são as pulsações alternadas da eterna série de surpresas denominada si mesmo, na qual o esquecimento é tão necessário quanto a recordação. Assim escreve Chuang-tzu, a respeito da morte de Lao-tzu:

> O Mestre veio porque era tempo. Foi-se porque seguiu o fluxo natural. Contenta-te com o momento e dispõe-te a seguir o fluxo; então não haverá espaço para sofrimento ou alegria. Outrora chamava-se a isto liberdade do cativeiro. A madeira consome-se, mas o fogo continua a queimar, e não sabemos quando ele chegará ao fim.[13] [61*a*]

O Taoísmo Hsien, com suas práticas yóguicas e alquímicas para obtenção da imortalidade ou, ao menos, para a grande longevidade, constitui portanto a antítese dos ensinamentos de Lao-tzu e de Chuang-tzu. Tais práticas já deviam existir ao tempo de Chuang-tzu, pois ele as ridiculariza:

> Inspirar e expirar, exalar a velha respiração e aspirar a nova, espreguiçar-se como um urso e esticar o pescoço como um pássaro, preocupado apenas com a
> 道引 longevidade – tudo isto é o Tao induzido [*tao-yin*], pra-

13. *Chuang-tzu* 3 ad fin, tr. Gia-fu Feng (2), p. 59.

ticado por higienistas que esperam viver tanto quanto P'eng Tsu.[14] [57*b*]

De certa forma, é comparável a diferença no Budismo entre o Caminho da Sabedoria (*prajna*) e o Caminho dos Poderes (*siddhi*). A compreensão intuitiva pode ou não fornecer poderes supranormais, os quais atuam na medida em que não sejam intensamente desejados ou pretendidos, pois os verdadeiramente despertos sabem que seu real *siddhi* é tudo o que acontece no universo. Por outro lado, o *siddhi*, como por exemplo a telepatia e a clarividência, pode ser cultivado através de disciplinas especiais assim como os exercícios são utilizados para a higiene física. Contudo, por mais longe que estas disciplinas possam ser buscadas, elas não levam ao *prajna*, mas ao contrário, tendem a obstruí-lo, encorajando o tipo de egocentrismo observado com freqüência em grandes atletas e atores. Assim, Chuang-tzu reprova Po Lo por sua excessiva habilidade no treinamento de cavalos:

> Os cavalos vivem na terra seca, alimentam-se de capim e bebem água. Quando estão satisfeitos, esfregam o pescoço uns dos outros. Quando zangados, viram-se e dão coices uns nos outros. Assim, apenas sua índole natural os guia. Mas se lhes colocam rédeas e freios, além de uma placa de metal na testa, eles aprendem a lançar olhares manhosos, a virar a cabeça para morder, a resistir, a arrancar o freio da boca ou a abo-

14. *Chuang-tzu* 15, tr. auct. adjuv. H. A. Giles (1) e Watson (1). O termo *tao-yin* refere-se a exercícios de respiração, comparáveis ao *pranayama* na Yoga. P'eng Tsu é a contrapartida chinesa de Methuselah. Contudo, em *Chuang-tzu* 6 diz-se que, "Os homens puros de outrora puxavam a respiração de suas extremas profundezas; os vulgares, faziam-no apenas a partir da garganta." Na minha opinião, a questão está em que, se a respiração puder seguir seu curso, por si mesma ela se tornará lenta e profunda, de forma que não são necessários exercícios artificiais. Cf. Welch (1), pp. 92-93.

canhar a rédea. Assim, sua natureza torna-se depravada culpa de Po Lo.[15*] [64*a*]

Traçando uma combinação entre os termos taoístas e budistas, poderíamos dizer que *te* é virtualidade, a graça de viver, a qual provém naturalmente de *prajna* – percepção intuitiva de ser um com o Tao. *Te* não deve ser confundido com *siddhi*, como é cultivado pelos ginastas psicofísicos. Contudo, a passagem abaixo, de Chuang-tzu, é citada freqüentemente pelos taoístas Hsien, como autoridade para o cultivo de poderes miraculosos:

> Aquele que compreende o Caminho [o Tao] sem dúvida dominará os princípios básicos. Aquele que domina os princípios básicos, sem dúvida saberá como lidar com as circunstâncias. E aquele que sabe como lidar com as circunstâncias, não permitirá que as coisas lhe façam mal. Quando um homem possui a virtude perfeita [*te*], o fogo não o queima, a água não o afoga, o frio e o calor não o afligem, os pássaros e animais selvagens não o ferem.

Mas prossegue afirmando:

> Não estou dizendo que ele dá pouca importância a estas coisas. Quero dizer apenas que ele distingue entre segurança e perigo, contentando-se com a fortuna ou o infortúnio, e é cauteloso em suas idas e vindas. Por conseguinte, nada pode causar-lhe dano.[16] [58*b*]

15. *Chuang-tzu* 9, tr. H. A. Giles (1), pp. 108-9. Presumivelmente, esta é a fonte de onde o jogo de pólo obteve seu nome.

* Também o caractere chinês 僞, com o significado de "falso", de "simulado" ou "fingido" pode ser literalmente traduzido como o que o homem 人 faz aos cavalos 爲. Pictoricamente, o caractere *wei*, como em *wu-wei*, assemelha-se a um cavalo sendo domado e manipulado pelo homem. Ver capítulo 4, "*wu-wei*", acima nas pp. 108-135.

16. *Chuang-tzu* 17, tr. Watson (1), p. 182.

Em outras palavras, sua liberdade em relação ao mal deve-se não a algum tipo de magia, mas à circunspecção inteligente.

Lieh-tzu, embora tivesse a reputação de conseguir montar o vento[17], cita Yang Chu – com aparente aprovação – numa passagem que parece ir até mais além de Chuang-tzu no elogio a levar a vida facilmente: 楊朱

> Deixe que o ouvido ouça o que bem quiser, que o olho veja o que bem quiser, que o nariz respire o que bem quiser, que a boca fale o que bem quiser; deixe que o corpo usufrua todo conforto de que necessitar, deixe que a mente aja como achar melhor. Ora, o ouvido quer ouvir música; e privá-lo disto é restringir o sentido da audição. O olho quer ver a beleza carnal; e privá-lo disto é restringir o sentido da visão. O nariz anseia pela fragrância das plantas *shu* [corniso] e *lan* [orquídeas]; e se não puder aspirá-las, restringe-se o sentido do olfato. A boca quer falar o verdadeiro e o falso; o corpo deseja, para seu conforto, calor e boa alimentação. Frustrar a obtenção de tudo isto significa restringir o que é natural e fundamental ao homem. A mente quer liberdade para vaguear para onde bem entender, e se ela não tiver essa liberdade, a própria natureza do homem é restringida e frustrada. Tiranos e opressores nos limitam de todas essas maneiras. Destronemo-los e esperemos alegremente pela morte.[18]

Entretanto, esta passagem pode ser facilmente mal-interpretada se não for lida em associação com a idéia de Chuang-tzu de "abster o coração (mente)" (*hsin chai*). Novamente, as palavras são colocadas na boca de Confúcio, falando a alguém que praticava o jejum comum ou religioso sem obter efeitos. 心齋

17. Como já foi sugerido, duvido que isto deva ser tomado ao pé da letra. Cavalgar o vento deve ser o equivalente do que denominamos caminhar pelo ar ou estar alegre.

18. Lieh-tzu 7.5, tr. Waley (1), pp. 41-42.

氣

> Tentando unificar-te, não ouves com os ouvidos, mas com o coração (da mente); não ouves com a mente, mas com o espírito [*ch'i*]. (Deixa) que a audição pare nas orelhas, e que a mente se detenha no pensamento (ou nos símbolos). Então o espírito será um vácuo que abrange a tudo, e apenas o Tao inclui o vácuo. Este é o jejum do coração (da mente).[19] [61*b*]

A fim de compreender isto, temos de retornar à filosofia taoísta básica da ordem natural e governo político. "O Tao ama e nutre todas as coisas, mas não é senhor absoluto das mesmas." Assim, da mesma maneira o governo do corpo e da psique não deve ser egocêntrico. Os sentidos, sentimentos e pensamentos devem ser espontâneos (*tzu-jan*), na crença de que então se ordenarão harmoniosamente. Tentar controlar a mente com a força é o mesmo que tentar nivelar ondas com uma tábua, só podendo resultar em mais e mais distúrbios. Conforme afirmaram alguns de nossos psicoterapeutas "Deixe sua mente em paz" – sem dúvida o que Chuang-tzu queria dizer com fazê-la jejuar. Assim, "tentando unificar-te" deve significar o mesmo que tentar sujeitar o teu organismo ao governo autocrático. Existe um paralelo evidente na psicologia da Yoga indiana, como se afirma no *Gita*:

> O homem que se une ao Divino e conhece a verdade pensa "Eu nada faço" pois, ao ver, ouvir, tocar,

19. *Chuang-tzu* 4, tr. auct. Aqui o texto é ambíguo. Fung Yulan, Lin Yutang e Watson colocam as palavras até o asterisco no imperativo, enquanto Giles as coloca no indicativo, o que me parece correto. Dizer, "Não ouças com os ouvidos, mas com a mente" (imperativo) não combina com a metáfora do jejum da mente. A lingüística pura não ajuda muito aqui, pois é preciso entender a passagem à luz da filosofia de Chuang-tzu como um todo. Um texto bem posterior, o *T'ai I Chin Hua Tsung Chih* (versão do século + 17 de uma tradição T'ang), diz o seguinte: "Quando alguém contempla e ouve algo, olhos e ouvidos movem-se e seguem os objetos, até que tenham passado. Tais movimentos são todos subordinados, e quando o Soberano Divino [isto é, o *ch'i*] os segue em suas funções, isso significa: Viver com demônios" (tr. Wilhelm [2], p. 61). O que parece captar o sentido deste "jejum" como é explicado abaixo.

cheirar, provar, caminhar, dormir, respirar; ao falar, emitir, agarrar, abrir e fechar os olhos, ele sustenta que apenas os sentidos estão ocupados com os objetos dos sentidos.[20]

Em diversas culturas, as pessoas são criadas desconfiando de seus próprios organismos, e, quando crianças, ensinam-lhes a controlar seus pensamentos, emoções e apetites através de esforços musculares tais como trincar os dentes, crispar os punhos, franzir o cenho a fim de concentrar a atenção, coçar a cabeça para pensar, olhar fixamente para ver, conter a respiração ou comprimir o diafragma ou o reto a fim de inibir a emoção. Essas tensões são grandemente inúteis, pois o sistema nervoso não é muscular, mas um circuito elétrico, e não se usa uma marreta para ligar o rádio. Os que criam os filhos desta maneira, simplesmente são ignorantes e pensam que a força sozinha pode conseguir alguma coisa. Fazem lembrar a história de um texano que mascava charutos, o qual atrelou um gatinho a seu "cadillac" arruinado. Quando os transeuntes mostraram que aquilo era um absurdo, ele replicou: "Vocês podem achar que sim, mas eu tenho um chicote."

O organismo humano possui o mesmo tipo de inteligência inata dos ecossistemas da natureza, e a sabedoria da inervação e dos sentidos deve ser considerada com paciência e respeito. Por isso, como mostra Joseph Needham, os taoístas contribuíram bem mais para a ciência chinesa do que os confucionistas pois, enquanto estes últimos enfiavam o nariz em livros e se preocupavam com a obediência a regras, os primeiros eram observadores da natureza. A literatura taoísta é rica em comentários sobre o comportamento de animais, insetos, répteis, plantas, do vento, da água e dos corpos celestes, enquanto que a literatura confucionista

20. *Bhagavad Gita* 5.8-9, tr. Radhakrishnan (1), p. 177.

preocupa-se quase exclusivamente com as relações sociais e políticas. Ele segue mostrando, estabelecendo paralelos com o Ocidente, que o misticismo e empirismo se unem em oposição ao escolasticismo – baseando-se no mundo não-linear da experiência e não no mundo linear das letras. Para o místico, o importante não é crer na doutrina correta, mas atingir a experiência real, enquanto que os teólogos escolásticos não olhariam pelo telescópio de Galileu, porque achavam que já conheciam, a partir das Escrituras, a ordem do Céu. O cientista e o místico fazem experiências nas quais o que foi escrito sempre se subordina à observação daquilo que é.[21]

Os confucionistas, junto com escolásticos hebreus, islâmicos e católicos, bem como com os fundamentalistas protestantes, assemelham-se a turistas que estudam guias e mapas, em vez de perambular livremente e olhar a paisagem. A linguagem e a escrita sem dúvida são maravilhosos, mas por este exato motivo possuem uma qualidade hipnótica e fascinante, a qual pode levar à negligência da própria natureza, até que deixam de ser uma boa coisa. Assim, quando o "código de lei" torna-se absolutista e tudo passa a ser feito pelo livro ou o computador, as pessoas pedem desesperadas a intervenção de um ser humano razoável.

É por isso que não existem regras para o *te*, e não pode haver livro para instruir juízes e advogados nos sentidos de igualdade e de retidão. É preciso que se sinta a aptidão para estes, da mesma forma como o fabricante de rodas de Chuang-tzu possuía aptidão

21. Needham (1), vol. 2, pp. 89-98. Deve-se salientar também que o misticismo dos Irmãos do Espírito Livre, os Anabatistas, dos Levellers e dos Quakers fundamenta a filosofia política de Jefferson e de outros que formularam a Constituição tristemente negligenciada dos Estados Unidos. Conforme sugeri em outra parte, existe uma contradição peculiar na tentativa de ser o cidadão leal de uma república enquanto se acreditar que o universo é uma monarquia.

para fazer rodas, mas não podia colocá-la em palavras. O mesmo acontece com a música, a pintura e a arte culinária, segundo afirma Lao-tzu:

> As cinco cores cegam os olhos humanos;
> As cinco notas ensurdecem os ouvidos;
> Os cinco gostos injuriam o paladar.[22] [99*d*]

Naturalmente ele está se referindo às regras e classificações formais para estas artes, como afirmar que, se você pensa que existem apenas cinco cores, deve estar cego, e surdo se pensa que toda música deve ser na escala pentatônica. Infelizmente, este é o motivo pelo qual as escolas para estas artes produzem tão poucos gênios, e por isso o gênio – a pessoa do *te* – está sempre além das regras, não devido a um espírito rebelde e anti-social com um propósito hostil, mas porque a fonte da obra criativa reside no questionamento inteligente das regras. Os primeiros taoístas, portanto, questionaram a validade do senso comum do chinês médio, em geral confucionista.

Assim, no Ocidente moderno, bem como na China comunista, e no Japão industrial, o taoísta faria perguntas embaraçosas referentes aos pressupostos fundamentais de uma boa vida. É assim tão bom viver durante muito tempo? Você preferiria morrer em meio a lamúrias prolongadas, ou numa gloriosa explosão? Gostaria realmente de estar numa posição de poder, como por exemplo ser o presidente dos Estados Unidos ou de uma grande corporação, onde deve tomar decisões repentinas quase a todo instante, jamais afastando-se do telefone? E tornar-se tão famoso a ponto de ser conhecido em todo lugar aonde vai, e tão rico

22. *Lao-tzu* 12, tr. auct.

que todos queiram roubá-lo? É tão bom um país de mediocridade organizada, no qual todos devem comer a mesma coisa, vestir as mesmas roupas e habitar as mesmas casas – já que todos sabem que a variedade é o tempero da vida?

Assim, na sua origem, a idéia de *te* significa o poder exercido sem uso da força e sem interferências indevidas na ordem das circunstâncias.

> Entrar na floresta sem mover a grama;
> Entrar na água sem provocar nenhuma ondulação.[23]

Remontando à forma original do ideograma, *te* significa fluir em união com o olho e o coração (mente). Esta a percepção inteligente do curso das coisas, da mesma maneira como o navegante observa as estrelas e o marinheiro analisa as correntes e os ventos. Thor Heyerdahl e sua história *Kon-Tiki* (1) constitui exemplo perfeito da atuação do *te*, mostrando como ele e sua tripulação foram carregados pela água numa balsa de madeira, do Peru às distantes ilhas dos Mares do Sul simplesmente acompanhando os processos naturais do oceano. Contudo, esta inteligência vai além do mero cálculo e medição. Ela os inclui; mas o gênio de Heyerdahl estava em alimentar uma confiança fundamental no sistema unificado do seu próprio organismo e no ecossistema do Pacífico, sendo, por conseguinte, quase tão inteligente quanto um golfinho. Graças a essa atitude, ele foi ajudado todo o tempo por eventos que não esperara conscientemente.

Na água, a madeira da balsa dilatou-se, de forma a unir com mais firmeza os troncos, e quase toda manhã havia peixes-voadores no convés para o desjejum.

23. *Zenrin Kushu* 10, p. 164, tr. auct.

Em sentido prático e material, Heyerdahl e outros taoístas foram bem sucedidos. Mas o sucesso deles depende de uma confiança e da ausência de ansiedade embotante, os quais por sua vez originam-se do *insight* de que no curso da natureza, e na obediência à linha de menor resistência, nada pode dar errado. Não creio ser esta a atitude superficial de Pangloss, da visão entusiástica e impensada de que este é o melhor de todos os mundos possíveis.

Entretanto, afirmar que esta atitude é muito mais difícil e sutil desanimará a gente simples, deliciando os atletas intelectuais e orgulhosos que precisam ter a certeza de que, obtida a sabedoria, terão realizado uma tarefa extremamente árdua. A superficialidade do Pangloss de Voltaire reside em ser todo ele discurso, e não irá berrar, espontânea e desavergonhadamente quando engolido por um tubarão. Sem dúvida ele gritará, mas agindo desta forma se sentirá um traidor da sua filosofia – sem perceber que o berro e a contorção são o caminho natural de caminhar com a dor. O Taoísmo não é uma filosofia que obriga o indivíduo a ser calmo e digno em todas as circunstâncias. A tranqüilidade real e surpreendente de pessoas como Lao-tzu provém do fato de elas estarem prontas e dispostas, sem se sentirem envergonhadas a fazer aquilo que surgir naturalmente em todas as circunstâncias. O resultado inacreditável disso é que são muito mais sociáveis e civilizados do que aqueles que tentam viver rigorosamente segundo leis e lemas.

Uma Vez Mais: Um Novo Começo

Al Chung-liang Huang

Cinco anos atrás, enquanto meu pai morria, minha esposa e eu estávamos satisfeitos por saber que outra vida extremamente cara crescia dentro do seu corpo. Nosso segundo filho foi concebido pouco após a morte de Alan. Durante os primeiros meses chorando sua perda, fiquei contente em perceber que uma vida nova continuaria contendo e irradiando a energia e o espírito do Tao.

No dia 20 de agosto de 1974, nove meses após a partida de Alan, tempo suficiente para o amadurecimento de um feto, iniciei estas páginas durante o trabalho de parto de minha mulher, Suzanne. Estava quase certo de que fora isto realmente o que Alan quisera dizer com "alegria e surpresas".

Enquanto respirava a fim de galgar as ondas de cada uma das contrações aceleradas de Suzanne, começamos a redescobrir o significado de "trabalho de parto". "A mulher em trabalho." Que expressão estranha para descrever uma atividade muscular tão espontânea do útero, quando pronto a expulsar o feto maduro! Por outro lado, a expressão "trabalho de parto" pode ser perfeitamente neutra, quando aplicada a não-intelectuais. Povos primitivos trabalham naturalmente, caçando e pescando. Fazendeiros trabalham para cultivar a terra. Camponesas trabalham facilmente durante o parto, com freqüência enquanto ainda estão trabalhando nos campos. Somente nós, os intelectuais, achamos o conceito de trabalho de parto inadequado.

[Meu pai recebera uma educação estritamente confucionista. Ele jamais teria a idéia de assistir ao nascimento de algum de seus sete filhos, embora minha mãe sempre tenha preferido a dignidade de ter os filhos em sua própria cama. Apenas uma vez, durante a guerra, ela foi forçada a sujeitar-se à burocracia asséptica de um hospital. E mesmo então, com toda a equipe médica fora, devido a um bombardeio violento, minha avó fez o meu parto, confiando apenas no seu conhecimento feminino instintivo.]

Quando nasceu minha primeira filha, Lark, compartilhei com Alan minha alegria. Eu experimentara, o mais próximo de que fui capaz, o processo de dar à luz e de nascer. Estava em êxtase e dancei a noite inteira à luz do luar. Percebi intensamente a superficialidade e o egocentrismo em todos os meus variados esforços artísticos. Tornou-se claro para mim que, não importa o quanto lutasse, jamais superaria aquela experiência transcendental. Alan estava encantado e confessou-me sua relutância e resistência iniciais em participar de tal aventura, até o nascimento de um de seus netos. Assim como eu, ele percebeu que todos os anos de leitura e escritos sobre união cósmica, entidade sexual e natureza universal não se igualavam àquela experiência. Era um verdadeiro milagre ver e sentir o acontecimento do pequeno universo contido no bebê humano.

Recordamos todas as histórias taoístas de artífices e artesãos que falavam da impossibilidade de transmitir sua arte a futuras gerações. O conhecimento verdadeiro só pode ser abrangido pelo instinto e a experiência real. Como é triste e ridículo admitir que precisamos assistir aulas a fim de aprender a respirar adequadamente e outras habilidades naturais, tais como nadar, dançar e fazer amor.

Por muito tempo, velhos amigos recordaram Alan Watts como o brilhante e jovem estudioso, rígido, correto, e intrinsecamente tímido. Ao longo de sua vida, ele passou por diversas mudanças, transformando sua personalidade algo conservadora e esnobe, com sua criação inglesa. Quando o conheci, Alan era conhecido basicamente pelo seu papel de guru da geração das flores. Era criticado pelos seus pares, sobretudo pelos acadêmicos, diante do que lhes parecia uma brusca e total virada para o outro lado. Eles o invejavam, também, porque obviamente Alan estava se divertindo à grande.

Através de seus talentos e brincadeiras teatrais, ele conseguiu libertar-se de grande parte de suas inibições vitorianas e criar para si e os outros uma curiosa forma de equilíbrio, a qual de certa forma o sustentava. No final da vida, dependia cada vez mais de sua necessidade externa de atuar e de receber o apoio de sua platéia. Constantemente requisitado pelas exigências externas, ele era demasiado bem-sucedido para deter-se – e demasiado brilhante para submeter-se à sua própria natureza. Tornou-se o exemplo perfeito do ocidental vítima do mundo dominado pelo yang. Revelou o dilema dessa tragédia, compartilhada pela maioria dos homens deste tempo desequilibrado, ao admitir: "Mas não gosto de mim quando estou sóbrio", capitulando a outra dose de vodca, quando sabia que não precisava e que não podia confiar mais nela.

A primeira vez em que estive na América, fiquei aturdido ao perceber como era difícil para as pessoas tocarem-se, e ver a relutância dos homens em compartilhar a simples afeição. Alan não era uma exceção. Simpatizamos um com o outro de imediato, mas as poucas vezes em que ele foi carinhoso e deixou-se abraçar, em geral aconteceram depois de uma dança.

E para dançar com facilidade e alegria, com freqüência eram necessários alguns drinques para relaxar. Eu podia sentir a tensão em Alan, e sua luta constante a fim de transcender seus pesados fardos intelectuais. A jornada de Alan a seu próprio Oriente não fora fácil, pois ele era o tipo de homem que criava armadilhas para si mesmo com suas próprias palavras, e então precisava abrir caminho para entrar e sair delas. Na última página de sua autobiografia, *In my own way*, ele escreveu: "Durante anos tentei como filósofo, mas as palavras expressam tudo errado; em preto e branco, sem colorido . . . quando você tenta definir [a vida], consegue apenas a banalidade do niilismo formal, no qual o universo é visto como uma história contada por um idiota, cheia de sons e fúria, mas sem nenhum significado. Contudo, este sentido de 'transformar em cinzas dentro da própria boca' é o resultado de se tentar captar algo que só lhe pode ser revelado por si mesmo." Estaria ele prestes a desistir dessa "percepção", e este "algo" teria começado a surgir-lhe de si mesmo?

Conheci Alan Watts depois da visita de um ano à China natal com meu pai, depois de ter vivido quatorze anos na América. De volta à Califórnia, senti-me totalmente desorientado com minhas múltiplas identidades. Eu estava com um pé em cada margem de minha divisão cultural particular. Alan reconfirmou minha convicção de que o equilíbrio Oriente-Ocidente sempre existira dentro de mim, como uma experiência de crescimento pessoal. Reconheci em Alan a habilidade rara e maravilhosa de ser ao mesmo tempo ocidental e oriental. Quando ele o permitia, podia ser ambos a uma só vez, lançando facilmente pontes sobre as lacunas dentro de sua experiência e saber. Ao contrário de tantos ocidentais que tentam ser orientais renegando a própria cultura, Alan sabia ser simplesmente ele mesmo. Sabia que um guru de olhos azuis e pele rosada podia ser tão inescrutável quanto um guru de olhos rasgados e pele amarela. Não tinha motivo para ser um estrangeiro no Ocidente ou no Oriente. Lembrava-nos, tanto pelos seus sucessos como pelos seus fracassos, como o desequilíbrio da vida é perfeitamente natural dentro de todos nós. Mostrou-nos como a filosofia oriental gradualmente vem permeando todas as posições sociais no Ocidente, enquanto todos lamentam o desaparecimento do Oriente tranqüilo sob as crescentes exigências tecnológicas e industriais. Sem dúvida, haverá cada vez mais rodovias e chaminés poluidoras no Oriente, enquanto os maiores mestres estão emigrando, um a um, para as montanhas e centros de crescimento no Oriente. Com freqüência, preparo meus amigos e alunos para o choque da descoberta de que os próximos chineses que conhecerem serão versados no jargão tecnológico, mas completamente desconhecedores do *t'ai chi* ou do *Tao*. A maioria dos amigos de espírito irmão, os quais compartilharam meus estudos sobre o Oriente, são ocidentais.

Conta uma antiga parábola chinesa como os dois cavalos mais velozes iniciaram uma corrida com o sol à retaguarda, *no oriente*, e ao final encontraram-se inevitavelmente de frente para o sol, *no ocidente*. A "Jornada ao Oriente", de Hermann Hesse e a "Jornada ao Ocidente", (ou O Rei Macaco) de Wu Ch'eng-en, compartilham em essência o mesmo tema. O que é Oriente e o que é Ocidente? Como duas palavras, como *Tao* e *Dow* (dotar) transformam-se em trocadilho fácil, um paradoxo quando possuem o mesmo som, mas são tão diferentes na sua essência? Em chinês, Oriente-Ocidente, como uma expressão de duas palavras ligadas, significa "uma coisa", "um algo" – e talvez "nada".

東西

Os caracteres chineses que aparecem na capa e ao longo deste livro foram executados segundo o espírito do Tao. Depois de cada sessão intelectual sobre os capítulos existentes, eu preparava tinta e pincel e meditava sobre a essência das palavras e das idéias de Alan, em chinês, permitindo que se movessem comigo fisicamente, até não estarem mais separadas da dança. Ainda dançando, eu desenrolava o papel de arroz e deixava que acontecesse, movimentando o pincel embebido em tinta continuamente, sem parar para pensar.

O Caminho da Água não é o caminho de um homem. É o caminho universal. A caligrafia feita por mim, na verdade não é exclusivamente minha; é também de Alan Watts, pois muito do seu espírito-energia esteve incorporado em mim, enquanto escrevia essas palavras em cursivo. E também é sua, nosso leitor, quando se sintoniza conosco neste caminho da água.

Em essência, se folhear rapidamente este livro, seguindo simplesmente a energia conectiva de uma página caligráfica para a seguinte, você poderá sentir o espírito do Tao. As palavras são pensamentos que devem ser desfrutados, e você, leitor, dispõe aqui das palavras do supremo mestre Alan em pessoa para entretê-lo. Entrementes, ele o está alertando para não estender-se nas palavras; ele quer que você brinque e dance com estes caracteres chineses sempre que estiver com a cabeça pesada, as idéias empacadas.

O Tao está todo aqui, em preto ou em branco e nas tonalidades intermediárias. Afinal, o próprio Alan costumava dizer, "Quando receber a mensagem, desligue o telefone!" Então, desfrute de suas conversas com ele; permita que a conversa mental cesse quando seus corações e mentes se encontrarem. Ponha o livro de lado e dance um pouco.

Bibliografia

1. Fontes Originais Chinesas

Chieh Tzu Yüan Hua Chuan. 芥子園畫譜
Manual de Pintura da Semente de Mostarda:
Coleções Secretas de Fac-símiles de Velhos Mestres Chineses.
Cópias e Comentários de Wang An-chieh e de Lee Li-oon.
The Wen-Kwang Book Store, Hong Kong, 1956.

Chu Tzu K'ao Shih. 諸子考釋
De Liang Ch'i-ch'ao (1873-1929).
Chung-hua Book Co., Taipei, 1957.

Chuang-Tzu. 莊子
(1) *Chuang-Tzu Nan Hua Ching.*
Organizador: Hsiang Ch'i Lao Jen.
Chung-hua Book Co., Taipei, 1917.
Reimpressão, Hung-yeh Book Co., Taipei, 1969.
(2) *Chuang-tzu.*
Organizador: Yeh Yu-lin.
Kwang-yi Book Co., Changai, 1941.
(3) *Pai Hua Chuang-tzu Peng.*
Organizador: Yeh Yu-lin.
Wen-yuen Book Co., Taipei, 1967.
(4) *Chuang-tzu Yin Te.*
Harvard-Yenching Institute, Sinological Index Series Nº 20, 1965.

Chung Kuo Che Hsueh Shih. 中國哲學史
A História da Filosofia Chinesa.
De Fung Yu-lan.
Commercial Press, Changai, 1934.

Chung Kuo Chung Ku Shih. Hsiang Ch'ang Pien. 中國中古思想長編
Edição Manuscrita de Pensamentos Chineses Medievais.
De Hu Shih.
The Hu Shih Memorial Series.
Mei-ya Publishers, Taipei, 1971.

Chung Kuo Ku Tai Che Hsueh Shih. 中國古代哲學史
A História da Antiga Filosofia Chinesa.
De Hu Shih.
Commercial Press, Changai, 1920.

Han Fei Tzu. 韓非子
Escritos de Han Fei.
Organizador: Wang Hsian-shen.
Commercial Press, Taipei, 1965.

Hsien Ch'in Cheng Chih Ssu. Hsiang Shih. 先秦政治思想史
Uma História dos Pensamentos Políticos da China no Período Pré-Ch'in.
De Liang Ch'i-ch'ao.
Commercial Press, Changai, 1925.

Huai Nan Tzu. 淮南子
Escritos de Liu An, d. – 122.
Organizador: Kao Yu (+205 –212).
Chung-hua Book Co., Taipei, 1966.

I Ching. 易經
O Livro das Mutações.
(1) *Han Shih Ching Chou In Ts'an Tsu Chi Cheng.*
A Lapidação da Pedra do *I Ching* da Dinastia Han.
Organizador: Ch'u Wan-li.
Estudos de Língua Histórica, Central Research Study Bureau, 46ª Edição, Taipei, 1961.
(2) *I Ching Yun Ta I.*
Organizador: Hsieh Meng, Dinastia Yuan.
Commercial Press, Taipei, 1971.

Kuan-tzu. 管子
Escritos de Kuan Chung, d –122.
(1) Organizador: Fang Hsuan-ling. Dinastia T'ang, +578-648.
Reimpressão: Cheh-chiang Book Co., 1876.
(2) Organizador: T'ang Ching-kao.
Commercial Press, Changai, 1926; Commercial Press, Taipei, 1967.

Lao-tzu: Tao Te Ching. 老子道德經
Comentários Originais de Wang Pi, Dinastia Wei (+226–249).
Chi T'ang Tzu Lao-tzu Tao Te Ching Chu.
Reimpressão de Ku I Ch'un Hsu Peng, 1884.
I-wen Press, Taipei, 1950.

Li chi. 禮記
Registros de Ritos.
Comentários originais de Cheng Hsuan, Dinastia Han.
(1) Harvard-Yenching Institute, Sinological Index Series nº 27.
Chinese Materials and Research Aids Service Center, Inc., Taipei, 1966.
(2) *Li Chi Chi Shieh.*
Organizador: Sun Hsi-tan.
Commercial Press, Taipei, 1965.
(3) *Li Chi Ching Hua Lu.*
Chung-hua Book Co., Taipei, 1966.

Lieh-tzu. 列子
Escritos de Lieh Yu-ko, — Século IV.
(1) Organizador: Chang Kan.
Commercial Press, Changai, 1959.
(2) Organizador: T'ang Ching-kao.
Commercial Press, Taipei, 1965.

Shih Chi. 史記
Registros da Grande História da China.
De Ssu-ma Ch'ien.
Prefácio datado de 1747.
Organizador: Pei Yin.
Tung-wen Book Co., Changai, 1884.
Últimas Edições: Ch'uin Hsueh Book Co., Changai, 1929.

Commercial Press, Changai, 1934.
Commercial Press, Taipei, 1965.
Chung-hua Book Co., Pequim, 1973.

Tao Chia Shih Tzu Hsing Pien. 道家四子新編
Taoísmo: Livros Sagrados.
De Yen Ling-feng.
Commercial Press, Taipei, 1968.

Wu Ch'iu Pei Tsai Lao-tzu Chi 無求備齋老子集
Ch'eng Chu Pien. 成諸編
De Yen Ling-feng.
Chung-hua Book Co., Taipei, 1965.

2. Obras em Línguas Européias

Blofeld, John, org. *The Zen Teaching of Huang Po on the Transmission of Mind*. Grove Press, Nova York, e Rider & Co., Londres, 1958.

Brown, G. Spencer. *Laws of Form*. George Allen & Unwin, Londres, 1969. Julian, Press, Nova York, 1972.

Chan, Wing-tsit, tr. *The Platform Scripture of the Sixth Patriarch*. St. Johns University Press, Jamaica, N. Y., 1963.

Chiang, Yee. *Chinese Calligraphy*. Methuen & Co., Londres, 1938. 3ª ed., revisada e ampliada, Harvard University Press, Cambridge, Mass. 1973.

Ch'u Ta-kao, tr. *Tao The Ching*. George Allen & Unwin for Buddhist Society, Londres, 1937.

Creel, Herrlee G. *What Its Taoism? and Other Studies in Chinese Cultural History*. University of Chicago Press, 1970.

Dhiegh, Khigh Alx. *The Eleventh Wing: An Exposition of the Dynamics of I Ching for Now*. Dell Publishing Co., Nova York, 1973.

Duthuit, Georges. *Chinese Mysticism and Modern Paiting*. Chroniques du Jour, Paris, e A. Zwemmer, Londres, 1936.

Duyvendake, J. J. L., tr. *Tao Te Ching: The Book of the Way and Its Virtue*. John Murray, Londres e Transatlantic Arts, Hollywood, Fla., 1954.

Feng, Gia-fu, e Jane English, tr. (1) *Tao Te Ching*. Alfred A. Knopf, Nova York, 1972. Wildwood House, Londres, 1973.

(2) *Chuang Tzu: Inner Chapters*. Alfred A. Knopf, Nova York, 1974.

Forke, Alfred. *The World-Conception of the Chinese*. Arthur Probsthain & Co., Londres, 1925.

Forrest, Roberto Andrew, *The Chinese Language*. 2nd rev. ed. Humanities Press, Nova York, e Faber & Faber, Londres, 1965.

Fung Yu-lan (1) *A History of Chinese Philosophy*. 2 vols. Tr. Derk Bodde. Princeton University Press, e George Allen & Unwin, Londres, 1952-53.

(2) *A Short History of Chinese Philosophy*. Ed. Derk Bodde. Free Press, Nova York, 1966.

(3) *Chuang Tzu: A New Selected Translation*. The Commercial Press, Changai, 1933. Reimpr. Paragon Book Reprint Corp., Nova York, 1963.

Gernet, J. "Entretiens du Maître de Dhyana Chen-houei du Ho-tsö." *Publications de l'École Française d'Extrême-Orient*, vol. 31. 1949.

Giles, Herbert A., tr. *Chuang-Tzu: Mystic, Moralist, and Social Reformer*. Kelly & Walsh, Changai, 1926. Reimpr. AMS Press, Nova York, 1972.

Giles, Lionel, tr. *Taoist Teachings: From the Book of Lieh Tzu*. E. P. Dutton, Nova York, e John Murray, Londres, 1912. Reimpr. Paragon Book Reprint Corp., Nova York, s.d.

Graham, Angus Charles. *Two Chinese Philosophers: Ch'eng Ming-tao* e *Ch'eng Yi-ch'uan*. Lund, Humphries & Co., Londres e Clarke, Irwin & Co., Toronto, 1958.

Heyerdahl, Thor. *The Kon-Tiki Expedition*. George Allen & Unwin, Londres, 1965. Rand McNally & Co., Chicago, 1968.

Hu Shih (1) "The Development of Zen Buddhism in China." *Chinese Political and Social Review*, vol. 15, nº 4, 1932.

(2) "Ch'an (Zen) Buddhism in China, Its History and Method."

Philosophy East and West, vol. 3, nº 1. Honolulu, 1953.

Huang, Al Chung-liang. *Embrace Tiger. Return to Mountain: The Essence of T'ai Chi*. Real People Press, Moab, Utah, 1973.

Huyghe, René. *Art and the Spirit of Man*. Tr. Norbert Guterman. Harry N. Abrams, Nova York, e Thames & Hudson, Londres, 1962.

Kapleau, Philip, org. e tr. *Three Pillars of Zen: Teaching, Practice, Enlightenment*, Harper & Row, Nova York, 1966.

Kepes, Gyorgy. *The Language of Vision*. P. Theobald, Chicago, e Alec Tiranti, Londres, 1945.

Legge, James, tr. *The Sacred Books of China: The Texts of Taoism*. Ed. F. Max Muller, 2 vols. Clarendon Press, Oxford, 1891. Reimpr. Dover Publications, Nova York, 1962.

Lin Yutang (1) *The Importance of Living*. William Heinemann, Londres, 1938. J. P. Putnam's Sons, Nova York, 1974.
(2) *The Wisdom of China and India*. Random House, Nova York, 1942.
Michael Joseph, Londres, 1944 (2 vols.).
(3) *The Wisdom of Lao-tse*. Random House, Modern Library, Nova York, 1948.

Morgan, Evan. *Tao the Great Luminant*. Kelly & Walsh, Changai, 1934. Reimpr. Paragon Book Reprint Corp., Nova York, 1969.

Needham, Joseph. *Science and Civilization in China*. 5 vols. Cambridge University Press, 1954-74.

Radhakrishnan, Sarvepalli, tr. *The Bhagavad Gita*. Harper & Row, Nova York, e George Allen & Unwin, Londres, 1948.

Reps, Paul. *Zen Flesh, Zen Bones: A Collection of Zen and Pre-Zen Writings*. Charles E. Tuttle Co., Tóquio e Rutland, Vt., 1957.

Rickett, W. Allyn. *Kuan Tzu*. Hong Kong University, 1965. Oxford University Press, Nova York e Londres, 1966.

Rose-Innes, A. C. *Beginner's Dictionary of Chinese-Japanese Characters*. 4ª ed. International Publications Service, Nova York, 1973.

Rozin, Paul, Suzan Poritsky, e Raina Sotsky. "American Children with Reading Problems Can Easily Learn to Read English Represented by Chinese Characters." *Science*, 26 de março, 1971.

Schwenk, Theodor. *Sensitive Chaos*. Tr. Olive Whicher e Johanna Wrigley. Rudolph Steiner Press, Londres, 1965.

Senzaki, Nyogen, e Paul Reps, trs. *Gateless Gate, or Wu Men Kuan (Mumon Kan) by Ekai*. J. Murray, Los Angeles, 1934.

Siu. R. G. H. *The Man of Many Qualities: A Legacy of the I Ching*. M. I. T. Press, Cambridge, Mass., 1968.

Sze, Mai-mai. *The Tao of Painting*. Bollingen Series XLIX, 2ª ed. (2 vols. em 1). Princeton University Press, 1963.

Thoreau, Henry David. "Walking." In *Walden and Other Writings of Henry David Thoreau*. Random House, Modern Library, Nova York, 1950.

Waley, Arthur. *The Way and Its Power: A Study of the Tao Te-ching and Its Place in Chinese Thought*. George Allen & Unwin, Londres, 1956. Grove Press, Nova York, 1958.

Ware, James R., tr. *The Sayings of Chuang Tzu*. New American Library, Mentor Books, Nova York, 1963.

Watson, Burton, tr. *Complete Works of Chuang-tzu*. Columbia University Press, Nova York, 1968.

Watts, Alan (1) *Zen Buddhism*. Buddhist Society, Londres, e P. D. and Ione Perkins, Pasadena, Calif., 1947.

(2) *Zen* (o mesmo livro acima, mas ampliado). Delkin, Stanford, Calif., 1948.

Welch, Holmes. *The Parting of the Way*. Methuen & Co., Londres, 1958. Beacon Press, Boston, 1966 (como *Taoism: The Parting of the Way*).

Whyte, Lancelot Law. *The Next Development in Man*. Cresset Press, Londres, 1944. Henry Holt, Nova York, 1948.

Wieger, Leon. *Chinese Characters: Their Origin, Etymology, History, Classification, and Signification*. Tr. L. Davrout. 2ª ed. 1927. Reimpr. Dover Publications, Nova York, 1965.

Wilhelm, Richard (1) *I Ching or the Book of Changes*. Tr. Cary F. Baynes. Bollingen Series XIX. 3ª ed. Princeton University Press, 1967.

(2) *The Secret of the Golden Flower: A Chinese Book of Life*. Tr. Cary F. Baynes. Rev. org. Harcourt Brace & World, Nova York, e Routledge & Kegan Paul, Londres, 1962.

Wittgenstein, Ludwig. *Tractatus Logico-Philosophicus*. Routledge & Kegan Paul, Londres e Harcourt, Brace & Co., Nova York, 1922.

Yampolsky, Philip B., tr. *The Platform Sutra of the Sixth Patriarch*. Columbia University Press, Nova York, 1967.

Leia também:

O ESPÍRITO DO ZEN

Alan W. Watts

O Zen influenciou toda a civilização do Extremo Oriente, seu pensamento e sua ação no mundo, sua medicina, sua educação, sua psicologia, suas artes — a pintura, a literatura, a culinária, as artes marciais ou cênicas.

Por dispensar todas as formas de teorização e de instrução doutrinária, o Zen exerce um fascínio peculiar sobre as mentes cansadas de religiões e de filosofias formais, pois fundamenta-se na prática e numa experiência pessoal da realidade.

Sendo uma vigorosa tentativa para entrar em contacto direto com a verdade, não permitindo que teorias e símbolos se interponham entre o conhecedor e o conhecido, o Zen não se ocupa das reações intelectuais ou emocionais do homem diante da realidade, mas focaliza sua atenção na própria realidade.

Este livro de Alan Watts — um dos mais importantes divulgadores do Zen-budismo no Ocidente — fornece algumas pistas para a compreensão do Zen e traça um esboço das formas em que foi traduzido em pensamento e ação.